꽃은 소리내어 웃지 않는다

송명화 수필집

에세이문예사

꽃은 소리내어 웃지 않는다

| 책머리에 |

 '꽃은 소리 내어 웃지 않는다'라는 깃발을 들고, 또 수필집을 엮는다. 꽃은 무엇인가? 소리 내는 것은 무엇이며, 웃지 않는 것은 무엇을 뜻하는가? 책 제목을 지어놓고 생각을 되돌려가며, 묵힌 질문에 대한 사유의 집을 지어보려 한다.
 꽃은 모든 생명 가진 것들의 원형이다. 자연이고, 인공이다. 인간이 갖고자 하는 사랑이며, 위로며, 성찰이다. 달팽이며 개구리며 탱자며 선인장이며 은행나무다. 수상한 택배며 고서며 쓰레기며 상처 입은 말이기도 하다. 초록별 지구며, 낡은 집기며, 전쟁터의 소년병이며, 동주의 시며, 내가 그리는 이상이다. 세상의 온갖 물상들이 소리 내어 웃지 않는 꽃들이다. 소리 내지 못함은 배려와 웅숭깊음, 성숙이라는 미덕을 떠올리게 하는 한편으로 차마 소리 내어 웃을 수 없는 절박함도 읽히게 만드는 중의적 표현이다. 현미경으로 보나 확대경으로 보나 세상은 어찌 이리 안쓰러운가. 활짝 웃거나, 호탕하게 신나게 웃지 못하는 상황에만 내 눈길이 가 닿아서일지 모르겠지만 세상 일이 그런 것도 아닌 것 같아 가슴이 아릿하다.

나는 꽃이고 싶었다. 신나게 웃을 줄 아는 꽃이고 싶었다. 소리 내어 웃지 않는 꽃을 살피며 그 마음을 글로 그려내는 작업은 세월이 지남에 따라 차곡차곡 쌓여서 이제 세상 사람들을 만나러 간다. 내가 쓴 수필들도 꽃이다. 못난이 꽃들이다. 발표된 후 컴퓨터에 물러나 있던 수필들과 개작되어 새 옷을 입은 수필들이 모였다. 이 작은 책에서나마 내 못난이 수필들이 신나게 소리 내어 웃을 수 있었으면 좋겠다. 수필은 읽는 이와 쓰는 이 할 것 없이 문학치료에 가장 효용이 높은 문학 장르다. 마음이 힘든 이들이 내 못난이 꽃들과 웃고 울다가 종국에는 실컷 소리 내어 웃을 수 있기를 소망해 본다. 아울러 넘치는 평으로 책을 빛내주신 권대근 교수님과 에너지 넘치는 두 번역가, 조수진Sue-Jean JOE과 후쿠시마 미요꼬福島美代子님께 감사드린다.

2023년 매듭달 늦은 저녁
송명화

| 차례 |

책머리에 · 4

Part 1
네펜데스의 통발

> 아마릴리스, 아마조네스 · 12
> 에나가 선생 · 18
> 네펜데스의 통발 · 23
> 청와靑蛙 · 29
> 가시 · 35
> 저어새의 눈물 · 41
> 어옹 · 46
> 차라리 묵언 · 52
> 서향과 장구댁 · 59

Part 2
석류알 같은

개못생겼다 · 66
석류알 같은 · 73
늙은 도마 · 79
An Old Cutting Board · 84
홍시 · 90
미루나무 · 96
로꾸거 로꾸거 · 101
반와泮蛙 · 107
마인츠하우스의 파란 조약돌 · 112

Part 3
쿰바야 로즈

개구리 소리 · 120
쿰바야 로즈 · 126
어엽비를 만나다 · 132
순장소녀 · 138
산중의 악사 · 145
달팽이의 춤 · 150
영혼의 모음 · 156
고서 속에 · 161
수상한 사진관 · 166

Part 4
엉겅퀴 사내

녹 · 172
엉겅퀴 사내 · 177
숨은 다리 · 182
오징어게임 · 186
생인손 · 191
신성리 갈대밭에서 · 196
사랑의 방정식 · 202
愛の方程式 · 209
저 다리처럼 · 216

| 서평 | 심원한 작가정신, 전략적 이중구조 · 224
권대근 (문학평론가, 대신대학원대학교 교수)

Part 1

네펜데스의 통발

아마릴리스, 아마조네스

누가 여성을 꽃이라 했던가. 손바닥만 한 꽃이라니. 씩씩한 아름다움이다. 화개장터에서 데려온 주먹만 한 구근 하나에 이렇게 큰 세계가 숨어있을지 몰랐다. 달포 넘게 애를 태우더니 드디어 꽃대 끝에 사방으로 커다란 나팔형 꽃을 세 개나 피웠다. 화피갈래 속을 들여다본다. 화판 아래쪽에서 뻗쳐 나온 삐침무늬가 빨간 치마폭에 대필로 친 댓잎마냥 거침이 없다. 파죽지세다.

그 기운에 압도된 까닭일까. 말실수를 하였다. 단체톡에 올린 사진을 보고 이름을 묻는 친구에게 '아마조네스'라고 알려주고 폰을 닫았던 것이다. 프로이트에 의하면 무의식에 억압되었던 것이 부지불식간에 드러나 버린 것이라는데 그래도 의외의 연상이다. 아마조네스라니? 한 손에 무기를 들고 용감히 다른 손을 내민 여전사의 이미지를 그려보니 한 사람이 떠올랐다. 아카데미 시상식 무대에서 트로피를 들고 온몸으로 박수갈채를 받던 사람, 윤여정 배우다. 그녀는 세상 사람들을 설득하러 나선 장수 같았다. 코로나 때문에 소외감에 절어있던 국민들에게 함박웃음을 전리품으로 안겼다.

　아마조네스는 그리스 신화에 나오는 여성 무사족의 이름이다. 그들은 수렵의 여신 아르테미스를 숭배하며, 부족을 지키기 위해 무술을 익혔다. 활을 쏘고 창을 던질 때 방해가 되지 않도록 한 쪽 가슴을 누르고, 다른 쪽으로 아이를 먹여 길렀다. 다른 종족의 사내들이 하는 역할을 도맡았으되 그들에게 있어 어미의 자리는 포기할 수도, 누구에게 대여할 수도 없는 고귀한 소명이었다. 역사가의 상상에 의지해 각색된 부분도 많겠지만, 그 부족의 여인들은 꽃이자, 벌이자, 농부였으며, 그 시대의 알파걸이었다.

　그런 아마릴리스가 여든을 바라보는 할머니라면 생뚱맞지 않은가. 한껏 뻗쳐낸 긴 꽃대 끝에는 미모로 한자리하는 젊은 여배우가 더 어울린다 할 것 같기 때문이다. 하지만 꽃줄기의 단호한 색깔과 꺼칠한 구근의 모습을 보았다면 이야기는 달라진다. 사실 양파보다 나을 게 없는 몰골이었다. 검보랏빛 껍질은 터럴거렸고, 버짐 핀 까까머리에 돋은 볼록한 혹 탓에 다른 것을 골라 봐도 별 수 없지 않았었나. 작고 강마른 할머니가 시상대 앞에 섰다. 단순한 검정드레스에 흰 머리카락을 단정히 올려 튼 모습이 화려함이나 우아함, 또는 섹시함이라는 콘셉트를 잡은 대부분의 여배우들과 확연히 달랐다. 환한 웃음을 입은 그녀에겐 은발과 얼굴주름이 보석이 되고 향수가 되었다. 덧칠하지 않았기에 사람들은 그녀의 내면을 더 잘 볼 수 있었다.

"저는 경쟁을 싫어합니다. 다섯 후보들은 각자 다른 영화에서의 수상자입니다. 우리는 각기 다른 역을 연기했잖아요." 겹겹 내피 속에서 고이 갈무리한 지혜가 그녀의 말에 실려 세상으로 퍼져나갔다. '최고는 없다, 최중이 필요하다.', '대본은 먹고 살아야 하는 내게 성경이었다.'는 그녀의 말을 나는 공책에 적어 놓았다. 그녀가 쏘아올린 화살이 세상을 돌고 돌아 나의 아마릴리스 꽃 속에 내려앉고, 나팔소리처럼 쟁쟁 울리고 있다. 생명을 키우기 위해 쉼 없이 영양을 빨아들여 구근을 살찌우는 노력 끝에 꽃을 피우고, 세상에 자신의 목소리를 거침없이 보낸다.

아니라고 세상을 향해 외치는 것은 윤여정의 내공을 짐작하게 한다. '자신의 역할'에서 '자신'을 지울 수는 없다. 어차피 혼자 태어나 세상은 혼자 갈 수밖에 없지만 순간마다 함께 하는 사람들이 있어 저마다 가진 강렬한 색채를 섞고 문지르고 덜어내어 조화로운 세상을 엮어낸다. 하기에 '자신'은 더욱 소중하다. 자칫 잃어버린다면 자신의 역할에 최선의 노력을 기울이기도, 자신의 색깔을 찾기도 어려울 터이니. 신데렐라의 유리구두란 '자신'에 속한 것이 아니어야 함을 알았기에 그녀는 애당초 밖에서 반짝이는 것을 얻으려 하지 않았다. 마음속의 금강석을 찾고 다듬었다. '자신'을 지켜내었다.

아마릴리스는 남미가 원산지다. 스페인어로 ama는 여자 가장을 뜻한다. -ryllis가 가지는 뜻은 알 수 없으나 나는 영어의 release를 떠올린다. 아마릴리스, '여성 가장의 해방'이라. 얽매임을 끊고 자신의 의지로 선다는 뜻으로 읽는다. 그러고 보니 날씬하게 뻗어 나온 여섯 개의 수술대와 하나의 암술대가 장엄하기까지 하다. 어머니의 자리다. 수술과 암술은 중매자를 기다린다. 꽃이 달릴 자리를 마련하기 위해 죽을힘을 다해 밀어 올린 꽃대는 날이 갈수록 심지를 죌 것이다. 튼실한 열매가 들어설 자리도 준비되었다. 애증의 그림자도, 욕심의 찌꺼기도 비워낸 그 자리에 들어서는 것이 무엇이든 슬기롭게 다독일 자신이 생겨서일까. 그녀는 편안해 보였다.

윤여정은 아마조네스의 전사다. 이혼의 상처를 오롯이 받아들이고 아이들을 안았다. 유명인이기에 그녀의 힘든 가정사를 사람들은 대체로 알고 있었다. 한때는 쉽게 어둠의 그림자를 벗어 내리라 생각지 못해 안쓰러워하기도 하였다. 그녀가 빈 줄기 속에 쓰디쓴 눈물과 아픈 모정과 수많은 대본을 쟁여 넣고 우뚝 서서 세상을 바라보았다. 가열한 삶에서 구한 내공으로 부드러우면서도 강하고, 진중하면서도 재치 있게 말했다. "나를 바깥으로 내몰았던 아이들 덕분에 이 자리에 섰습니다." 무슨 배역이든 맡아 생계를 책임지려 했던 그녀의 시간들이 든든한 지지대가 되어 탄탄대로를 닦는다. 땀과 눈물이 양팔저울의 눈금을 영으로 만들기도 힘들었을 텐데 이제 그녀의 트로피가 땀에 얹혔다. 그녀가 받은 갈채는 세상과 전투를 벌이는 어머니들에게 나누는 비타민이라 해도 될까.

아마릴리스 꽃잎이 바람에 잘게 흔들린다. 나팔소리를 스캔한다. 진격의 신호인가. 힘내라는 격려인가. 아니면 어찌 살았소, 잘 살았소 묻는 존재론적 의문부호인가. 나도 치열한 워킹맘이었다. 집에서도, 직장에서도 발에 바퀴를 달고 살았다. 일인다역을 맡은 내게 알람은 수시로 나를 재촉했다. 논바닥에 조금 남은 습기를 갈무리하며 아끼고 아껴 내 땅을 다져나갈 때 미래는 어떨지 생각할 겨를이 없었다. 칡과 등나무가 되어 만들어낸 불협화음은 또 얼마나 많았던가. 시간 우물의 바닥을 박박 긁어대며 동동거렸던 그 순간들이 소중하지만, 혼자라는 낱말에 익숙해진 아들을 향한 미안함이 앙금처럼 가라앉아 있다. 이젠 아쉬움도 내 삶의 일부인 것을 겸허히 받아들인다. 살아내었으니 되었다.

공허한 날개옷을 벗겨주고 싶다. 회자되는 꽃말인 '눈부신 아름다움' 말이다. 외관에 초점을 둔 것이겠지만, 화려한 화판 속에 깃든 정신의 아름다움을 조준하기엔 어울리지 않는 것 같다. 소심한 여성성은 버려도 좋다. 그냥 '꽃'이다. '제3의 젠더'다.

"아마릴리스, 너의 별명은 여전사꽃, 꽃말은 당당함이야."

작명의 기쁨을 즐기는 내게 이 경이로운 식물은 네 번째 꽃봉오리를 쏘아 올리는 중이다.

에나가 선생

다소 촌스럽다. 엉뚱하면서 우직하다. 그런데도 '에나가 선생'을 떠올리면 자동적으로 내 입에서 튀어나오는 사자성어들은 뜻밖의 말들이다. 촌철살인寸鐵殺人, 설망어검舌芒於劍, 정문금추頂門金椎, 일침견혈一針見血이라. 어느 시인은 그를 한여름 상쾌한 등물 한 바가지, 순수와 진실의 빛깔 풀어내리는 한 사발 생수라 하였다. 거기에 체증이 쑥 내려앉는 정도의 후련함이 더해지는 손가락 따기라고 하면 제격이지 않을까.

에나가 선생은 ≪경남일보≫에 연재된 네 컷짜리 시사만화의 주인공이다. 뚱하면서도 아버지를 닮은 면모로 어린 내 눈길을 사로잡은 그는 내 연필 끝에서 다양한 모습으로 살아났다. 초롱초롱한 아들아이와 올림머리를 한 순박한 부인과 함께 그는 우리 시대를 살아간다. 연습장에서, 공책 귀퉁이에서, 때로는 내 방 벽지 구석에서 그들은 웃고, 고개를 끄덕이고, 한 목소리를 내고, 때론 우리 엄마의 꾸중을 받아내며 내 성장의 친구가 되었다. 나 같은 애호가 덕분에 시사만화 코너 아니었더라도 그들은 여분의 삶터가 엄청 많았을 것이리라. 알아보니 9912회로 은퇴하였다고 하는데 '언론 통폐합'이란 아닌 밤중의 홍두깨 같은 충격도 딛고 일어선 그, 지금도 어디선가 창과 방패의 역할을 톡톡히 하고 있지 않을까.

　상황 끝이다. 그날은 일곱 개의 단순한 선으로 정수리를 후려치는 깨우침을 완성하였는데, 짧은 꺾쇠 세 개 위에 타원 두 개를 그렸다. 누워서 다리를 치켜든 대머리 사장님의 신발이다. 그 위 공중에 둥근 호 두 개로 넘어지는 사람의 동작 선을 나타냈다. 에나가 선생이 무심한 듯 내뱉는 말 속 뼈 덕분에 콧수염이 더부룩한 사장님은 자주 놀라고 기막혀 자빠지신다. "어이구, 두 頭야." 그 상황에 기분 좋은 감동으로 입꼬리가 올라가는 것은 아이러니하지 않은가. 하지만 아이러니가 호기심을 끌고, 역설과 기지가 그의 생명이며 생존 가치가 된다. 온갖 애환이 자리 잡은 신문 한 귀퉁이에서 관심 없이 멍하거나 어리석어 판단이 흐린 세상 사람들에게 말로 침을 놓고, 아스피린을 먹이고, 나아가 요즘 유행하는 상담치료까지 하는 셈이다.

그는 다트의 명수다. 정곡을 찌른다. 어떤 때는 사이다 거품처럼 통쾌하고, 어느 때는 편편이 자주 생각이 나 실실거리게 만든다. 기승전결로 짜인 네 컷 중 마지막 컷에서 그는 자주 눈가가 붉어지고 입을 쩍 벌리며 머리 위로 진땀과 열기를 뻗쳐낸다. 독자들의 스트레스를 대신 책임지고 "크으."하는 소리를 죽이며 비판을 살려낸다. 1969년, 태어날 때부터 어른이었던 그는 간단한 선들로 순식간에 그려진 것 같다. 짧은 다리, 큰 머리에 어수룩한 모습이지만 전광석화처럼 뻗치던 일갈에 손뼉치고 배꼽을 잡기도 하며 나도 나이를 먹었고, 세상을 보는 내 눈도 자랐다. 그래서일까. 일제강점기 조선어학회 사건을 다룬 영화 「말모이」를 보고 나오면서 문득 에나가 선생이 떠올랐다.

나오자마자 문자를 날렸다. "각중애 영화 봤다 아이가. 「말모이」 보러 가라. 에북 재미있드라." "에나가, 언가?" "하모. 에나다." 말맛이 살아난다. 내가 살아난다. 우리들의 말 속에 '에나'가 자유롭게 떠다녔다. 성장기의 언어들을 그대로 쓰며 우리는 울타리를 걷어내고 쉽게 하나가 된다. 번잡한 도로를 걷다가도 '에나가' 한 마디에 뒤돌아본다. 둥그런 눈동자 하나로 온갖 감정을 표현하는 에나가 선생의 간단명료한 캐릭터가 신기하기도 했지만 '에나가'라는 말이 갖는 어떤 심리적 원형에 매료되지 않았나 싶다. 내 속에 고갱이 되어 들어앉은 지역어의 대장이라는 자존심을 걸고 그는 요지경 속 세상사에 현미경을 들이댔다.

 '에나가'는 맹세와 결의의 말이다. 150여 년 전 농민들이 목숨을 걸었던 말이다. 조선 후기에 진주민란이 일어날 당시, 모의하는 과정에서 '배신하지 않겠다.', '반드시 참여하겠다.'는 뜻으로 '에나가?'라고 물으면 '에나다.'라고 대답했다는 유래를 읽은 적이 있다. 백골징포, 황구첨정 등 역사시간에 외우느라 힘들었던 용어들이 떠오른다. 관리들의 수탈이라는 부끄러운 역사에 침을 뱉다가도 분연히 일어선 백성들의 결기에 박수를 보내고 싶다. 한다면 하는 것이 바로 '에나'의 정신이다. 에나가란 낱말이 가진 큰 의미에다 선생이란 호칭이 더해져 그의 어깨엔 더 큰 무게가 얹힌다. 선생이란 깨달은 이, 앞서가는 이, 깨우쳐 주는 이를 말함이 아니던가. 달리 생각해 보니 '나가'는 '선구자로 나서라'는, 아니면 '부조리는 나가라'는 것으로까지 생각이 가지를 뻗는다.

  제때, 제 말 할 줄 아는 사람, 핵심을 바로 보는 깨어있는 지성이 소중한 시대가 아닌가. 에나가 선생이 진정 그리운 이유다. 예리한 설봉은 약침이다. 소독약이건 방부제건 한 방이 그립다.

네펜데스의 통발

　　　　벌레잡이통발이라. 주머니가 주렁주렁 달린 묘한 식물 이름은 네펜데스라고 하였다. 재미난 이름이 궁금하여 요리조리 살폈다. 통발에 담긴 액체 속에서 형태가 일그러진 날파리가 보였다. 꽃집주인이 요즘 식충식물 키우기가 유행이라며 한번 골라보라고 권하였다. 매끈한 주머니 모양과 윤기 흐르는 새빨간 입술이 매력적이었지만 움직이던 것들의 사체를 보고 싶지는 않아서 사양하였다. 그래도 초록바탕에 빨간 표범무늬 화려한 색깔이 마음을 끌었다.

그날 목적지는 영화관이었다. 오랜만에 친구들과 보는 공짜영화라 기분이 좋았다. 하지만 참으로 만족스러울 것이라는 기대는 처음부터 어긋나기 시작했다. 장기밀매라는 예사롭지 않은 제재를 소홀히 다룬 나의 불찰이다. 시작부터 찰진 욕설이며 가혹한 불법행위가 사뭇 보기 힘들었지만 주인공이 워낙 인지도가 있는 배우다 보니 괜찮은 영화리라 마음을 다잡았다. 중국으로 가는 여객선 안에 있는 공중목욕탕 안에서 범죄를 모의한 일당들이 납치한 사람들의 장기를 강제로 적출하는 수술 장면이 충격적이었다. 스크린에서 날뛰는 배우들이 미친 듯이 울었다. 영화를 보는 사람들이 고함을 질렀다. 그리고 내가, 놀라서, 이 순간을 어찌 모면할지 몰라서, 기가 막혀 소리를 지르고 또 질렀다.

피범벅이 된 화면을 보며 숨을 죽였다. 눈을 감았다. '요즘 범죄영화가 다 그렇지 뭐.'라고 다독이며 침을 삼켰다. 나를 초대해준 친구에게 미안해서라도 영화를 제대로 봐주어야지 다짐까지 했는데 이십여 분 정도 또다시 비명을 지르다가 나는 벌떡 일어섰다. "더 못 보겠어. 먼저 간다." 후다닥 일어나서 출구를 찾았다. 어두운 계단에서 발목을 조금 접질렀지만 다행히 비상구를 열 수 있었다. 입구로 내달렸다. 붉은 카펫으로 덮인 복도를 지나며 나는 속으로 고함을 질러댔다. 귀를 막고 보고 싶지 않은 화면으로부터, 고막을 찢을 듯한 피해자의 비명으로부터, 가해자의 더러운 욕설들로부터 도망쳤다. 식은땀이 흘렀다. 속이 메슥거렸다. 누군가 손이라도 스쳤다면 소스라쳐 주저앉았을지도 모를 일이다.

 그 후 며칠 밤이나 악몽을 꾸었다. 입 밖으로 나오지 않는 비명을 질러대는 고통을 아는가. 알 수 없는 추격자를 피해 음암한 동굴 속으로 끝없이 도망치며 허덕였다. "대피하라. 대피하라." 숨이 막힐 듯 헐떡이며 가위눌린 끝에 눈을 떴다. 캄캄한 방구석 희끄무레한 물체에 놀라 마침내 소리를 내지른다. 꿈속의 나는 뭉크의 그림 「절규」 속 주인공이었다. 피처럼 일렁이는 붉은 구름 아래 검푸르게 요동치는 바다가 보이고 그것들을 배경으로 다리 위에서 해골 형상을 한 남자가 극도의 두려움 때문에 귀를 막고 소리를 지르고 있다. 전경에 혼자 고립되어 버린 남자는 눈동자를 크게 뜨고 비현실적으로 몸통까지 일그러진다. 나도 공포와 소스라침 같은 좀체 마주할 일 없는 낱말에 포위되고 말았다.

 네펜데스의 통발은 크고 깊다. 암울한 죽음의 수조다. 통발의 미끄러운 벽에 몸을 밀어 넣었다면 탈출의 가능성은 낮다. 내가 도망쳐 나온 메가플렉스의 긴 회랑도 어둡고 길었다. 자유로운 상상으로 영화를 즐기러 들렀던 곳에서 내가 온힘을 다해 뛰쳐나왔듯이 통발을 탈출하는 미물들은 얼마나 될까. 동영상으로 네펜데스의 사냥을 본다. 포충낭의 뚜껑이 열리고, 다디단 꿀과 양분을 입힌 빨간 주둥이는 유혹의 향을 뿜는다. 달콤한 죽음의 덫을 감지하지 못하고 개미들은 입을 맞추고 조금씩 경계를 풀어 나간다. 서서히 폭력에 익숙해지고, 나중에는 길들여져 누구든 머리를 감싸고 뛰쳐나가지도, 비명을 지르지도 않게 되는 게 아닌가. 그리고 어느 순간 미끄러운 벽을 타고 소화액에 빠져 서서히 죽어간다. 정신이 오염되고 순순히 본성을 내주고 만다.

가혹한 영상폭력이 마음에 그은 생채기는 시간이 지나면 흉터로 남는다. 흉터는 감각이 무딘 법이다. 굳은살이 더께진 감성으로 세상을 제대로 보기는 어려울 터이지. 횟수를 더해갈수록 위기가 일상이 되고 잔혹함이 예사롭게 받아들여진다면 세상사에서 온화한 빛을 논하기는 어렵지 않을까. 그림 「절규」의 후경에서 공포에 떠는 뭉크를 버려두고 핏빛 하늘 속으로 아무렇지도 않게 걸어가는 두 남자가 내 이웃이고 내 삶의 배경이어야 하는 것일까. 도망쳐야 할 현실에서 위기를 느끼지 못하는 세상, 모두가 그러려니 하고 무감각한 세상이 된다면 내 비명소리를 들어 줄 이도 없을 터이지. 다시 잠들지 못할 것 같다.

　심리적 지지자를 찾아 나섰다. 인터넷 검색을 해 보니 나처럼 도망친 사람이 몇 있었다. 내가 유난을 떤 것이 아니라는 생각이 들어 고른 숨을 쉰다. 흥행이 제법 된다는 연예기사도 보인다. 예상치 못한 반응이다. 누가 보는가. 왜 보는가. 감독은 자신의 작품을 보며 어떤 점에 만족하는가. 왜 이 영화를 만들었는가. 질문을 해 보지만 나 혼자만의 독백이다. 사실 이웃나라와 관련된 장기밀매 사건은 그리 오래 되지 않은 실화이다. 아마도 그는 사람들에게 이런 범죄에 대해 주의를 환기하고자 했던 것이리라. 사회비판의 강도를 높이느라 실감을 위해 붉은 액체를 강조함으로써 공포심과 혐오감을 최대한 끌어올리고 싶었던 것 같다. 비유라는 렌즈로 그 사건을, 그 화면을 감독이 예술적으로 조정할 수 있었다면 나의 도망은 그 이유를 잃었으련만….

　영상은 현실보다 전능하다. 자유로운 상상으로 관객을 쥐락펴락한다. 감동도 평화도 폭력도 분노도 그 속에서는 고삐가 풀린다. 멀지 않아 그 영화는 안방 텔레비전에 진출할 것이리라. 그때 아이들은 19란 글자를 보면서도 화면을 끄지 않을 가능성이 높다. 아이를 키울 때 컴퓨터 게임계를 풍미하던 공포액션 게임 때문에 얼마나 갈등하였던가. 사람을 겨누고 총을 쏴대면 적이 고꾸라지고 화면에 뿌려지는 붉은 피 때문에 내 가슴이 얼어붙었다. 아이가 제 방에 들어가 문을 잠그고 게임을 할 때마다 스트레스 때문에 떨던 내 위장은 그때부터 자주 문제를 일으켰다. 위를 지그시 누른다. 묵직하게 느낌을 전해오는 위경련의 전조가 두렵다. 뉴스든 영화든 인터넷이든 곳곳에서 볼 수 있는 폭력의 손바닥 위에서 놓여나고 싶다. 눈빛 맑은 아이들을 어찌할거나.

  네펜데스가 사회 곳곳에 통발을 벌려놓고 누구든 걸리라고 주문을 왼다. 영상폭력의 바다는 닥치는 대로 녹여버리는 네펜데스의 소화샘이다. 누가 나서서 통발의 뚜껑을 닫을 것인가.

청와 青蛙

　　비 오는 날은 시간이 느리게 흐른다. 늙은 감나무도, 초벌 부추도, 동네 고양이도 세례식을 하나보다. 경건한 자세로 비를 맞고 있다. 푸름이 부쩍 짙어진 초목이 힘차게 물을 빨아들이고, 땅과 강과 산이 온 몸 가득 생명수를 충전한다. 무릇 자신의 삶터를 지키는 숨탄것들의 호흡이란 눈물겨운 그 무엇이 있다.
　　뜻밖의 손님이 찾아왔다. 창턱에 앉아 물끄러미 나를 보고 있는 초록 생물이 반갑다. 청개구리였다. 코에서 고막 뒤쪽까지 검은 줄무늬가 선명하다. 노트북을 보고 있는 내 모습이 제 딴에는 신기한지 돌출된 눈이 더 두드러져 보인다. 자연으로부터 온 명석한 인상의 손님에게 컴퓨터 화면의 밝은 빛이 방해될까 봐 뚜껑을 조용히 덮는다. 빗속을 뚫고 내 집을 찾아준 것은 고마운 일이 아닌가. 대접을 잘 해주고 싶은데 나눠 줄 먹이가 없다. 지금 여기의 시간을 공유하는 것만으로도 염화시중의 꽃을 피울 수 있으려나. 그저 같이 빗소리를 듣기로 한다.

창으로 보이는 논에 벼 포기들이 싱그럽다. 두어 달 전만 해도 쭈뼛대며 간격을 크게 두더니 이제 조그만 바람에도 몸을 부비며 한 몸처럼 어우러져 논 전체가 푸른 물결을 이룬다. 두어 달 전에 시골집에 내려왔을 때는 개구리의 구애가 한창이었다. "깨그깨그 거걸거걸거걸 개개개개 개글개글…." 무성음 기역의 남성적 느낌에 유성음 리을의 달래고 어르는 듯한 효과가 더해져 나를 오랫동안 논둑에 머물게 만들었다. 사랑의 세레나데가 울려 퍼지는 고즈넉한 시골마을의 정경이라니. 마치 동화 속 무지개 연못 같았다. 그 봄밤의 아름다운 화음을 찾아 한밤에 무논을 찾아 살폈지만 그날은 개구리도 맹꽁이도 모습을 보여주지 않았다. 그리고 달포 뒤에 다시 친정에 갔다. 찰랑이던 물은 사라지고 살진 벼 포기들이 움켜쥔 진득한 흙이 반들거렸다. 아쉬움에 달빛을 앞세우고 영천강 둑을 따라 논이 늘어선 들판까지 가 보았지만 개구리 소리는 들을 수 없었다.

"나를 배필로 골라 주세요." 수놈들의 떼창이 끊이지 않던 그 밤에 역사는 이루어지고 새 생명이 잉태되었을까. 리더가 있는 듯 시작과 끝이 다르고, 전개부와 클라이맥스가 분명하였다. 내내 이명처럼 들리던 그 노랫소리의 수혜자가 이 녀석이렷다. 생각이 이에 이르니 오늘 나를 찾아준 청개구리가 미쁘기 그지없다. 겁도 없이 창틀에 올라앉은 녀석을 보며 만화영화 '개구리 왕눈이'의 추억을 불러낸다. "네가 울면 무지개연못에 비가 온다. 비바람 몰아쳐도 이겨내고 일곱 번 넘어져도 일어나라. 울지 말고 일어나 피리를 불어라…." 아이처럼 노래를 흥얼거려 본다. 용감한 왕눈이가 지켜내던 무지개연못은 어떻게 되었을까.

친정집 앞 좁다란 길 건너에 한 뙈기의 논이 남아있다. 초등학교 부근 남쪽과 서쪽으로 가득 자리 잡고 있던 논에는 집들과 작은 공업소나 가게가 들어서고, 나머지는 소득이 많이 나오는 밭으로 변한 지 오래다. 내 낡은 책상에 앉아 창을 열면 눈에 들어오는 손바닥만 한 논이 나의 정원이며, 봄밤이면 밤새 개구리소리를 들으며 꿈을 낚는 무지개연못이 된다. 편찮으신 어머니를 돌봐 드리러 요즘 자주 친정을 찾는다. 집안일을 마치고, 어머니가 잠자리에 드시면 논가에 나가 앉아 풀 향기를 맡고 도랑물 소리도 듣는다. 도시의 내 아파트에서는 상상도 못하는 호사를 요즘 자주 누린다.

  이런 내 마음을 읽은 것일까. 청개구리는 눈꺼풀을 반나마 닫고 사유의 시간에 들어있다. 녀석은 내 시선이 불편하지 않은 것 같다. 불효의 아이콘으로 찍혀 오늘날까지도 유쾌하지 못한 비유에 소환되고 있지만 그건 사람들이 만들어낸 이야기일 뿐이다. 알에서 올챙이를 거쳐 성체가 되기까지 먹이를 사냥하고 천적들을 피하며 굳건히 살아남았다. 극적인 변태를 통해 자신을 성장시켰고, 자연의 섭리대로 종을 이어나갔다. 발가락 끝 동그란 빨판으로 세상을 꽉 잡고, 나무줄기든 풀잎이든 수초그늘에서든 동료들과 삶의 에너지를 나누며 살았다. 과학자들은 양서류 종 전체에서 셋 중 하나는 멸종 위기에 처해있다고 한다는데 녀석은 자기 종족이 처한 누란의 위기를 짐작이라도 할까. 청개구리의 물기 번들대는 상안검에 내 모습이 비친다. 내 눈동자에는 녀석이 동그마니 앉아 있겠지.

굉장히 예민한 녀석이다. 이들은 기후나 환경이 조금만 나빠져도 멸종으로 치달을 수 있다는데 지구온난화라는 재앙을 어찌 견뎌낼까. 개구리 소리를 들으며 환희를 맛보는 내 세대의 정서가 미래 세대 아이들에게도 허락될까. 산란과 성장 시기가 혼란스러워지고, 습지가 없어지면서 안전한 삶터를 찾기 힘들어졌다. 농약을 과도하게 사용하여 올챙이의 서식지가 파괴되고, 먹이가 되는 곤충이 줄어들었다. 거기다 환경오염까지 가세하면서 개구리의 영토는 호흡이 가빠졌다. 리처드 앨리스는 "진화와 멸종의 개념을 아는 유일한 종인 인간이 자연의 균형을 철저하게 뒤집은 결과 대량멸종을 불러온다."고 하였다. 인간에 대응할 무기를 갖지 못한 저 조그만 생물이 전멸해야 인간은 심각함을 느끼게 될까.

 귀가 열려야 마음이 따라 열리는 법이다. 자연이 보내는 소리가 환희의 송가인지, 고초의 신음인지 구별할 수 있는 귀를 가지는 것이 인류의 무거운 과제라는 생각을 한다. '인간이 스스로 거대한 재앙으로 발전했다.'고 한탄한 부케티츠 교수의 말을 생각한다. 이 지경에 이르러 인간이 가해자라는 오명을 벗을 수 있는 방법이 있기는 할까. 문명과 개발이라는 깃발 아래서 신음하는 생물들이 있다. 그들의 아우성에 기꺼이 청진을 하고자 하는 명의들을 길러내야 하는데…. 개구리가 인간에게 신호를 보낸다. '환경의 지표종'이라는 별명은 그들이 원한 것이 아니었다. 어찌 보면 무거운 족쇄라 싶다. '사선死線에 서 있는 존재'라는 뜻이 아닌가. 이 갈급한 신호를 외면한다면, 인간이 자연으로부터 소외되지 않는다는 법도 없지 않을까.

    녀석은 저들만의 삶터로 돌아갔다. 어릴 적에 우리들은 동지였다. 무지개연못을 지키던 개구리 왕눈이의 강력한 지지자였다. 타인에겐 보잘것없는 장소일지 몰라도 행복한 식생과 번식을 향유하는 자신들의 이상향은 반드시 지켜내야 할 가치가 아니겠는가. 초심을 잃은 인간에게 청개구리가 와글와글 침묵의 시위를 하고 간 것일까. 묵직한 아픔을 가진 청와靑蛙가 딱하다.

가시

 기둥선인장이니 곧게 자라는 것이 정석이렷다. 하지만 내가 키우는 선인장은 척추측만이 되다 못해 척추곡만이 되고 말았으니. 받침대를 두 개나 받치고 나서야 어미는 제대로 섰다. 굽은 허리를 펼 수는 없었으나 땅을 기는 모양은 면하게 되었다. 두 손으로 허리를 받치고 나도 의젓하게 서 본다.
 오랜만에 살핀 선인장의 모습은 참혹했다. 토실한 새끼 선인장들이 어미의 몸체에 빈틈없이 붙어서 어미를 제대로 서지도 못하게 누르거나 끌어당기고 있었다. 흥부의 자식들이 밥 달라 돈

달라 아우성치는 장면이 이럴까. 어찌 살릴까 요량을 굴려 본다. 어미가 땅을 향해 긴 목을 늘이고 있다. 매품을 판 흥부가 집에 와서 저리 뻗었었지. 어미의 목숨이 위태로운 징조가 여기저기 보인다. 몸통 아랫부분이 허옇게 마르면서 가늘어지고 몸체 구석구석에 굳은살이 박였다. 뿌리와 접한 부분은 흙과 분리된 채 뒤틀어질 정도였다. 몽땅 떼어내야 하리라. 떠나기 싫다고 장갑 낀 내 손을 찔러대는 새끼선인장들의 아우성과 떠나보내야만 하는 어미의 한숨이 안타깝다.

말라서 비틀어지고 침조차 뭉뚝하니 생기를 잃은 선인장이 내 어머니 모습이다. 멋지던 젊은 날의 생기는 사라지고, 야위고 허리 굽은 어머니의 서러운 등줄기는 늘 내 뇌리를 맴돈다. "어머니."라고 가만히 소리 내본다. 듣는 이 없는데 조심스럽다. 마지막 모음이 혀가 내려앉은 입 안과 목구멍을 돌아 가슴을 무겁게 누르며 내 몸속 비어 있는 공간을 휘돌아 나온다. 같이 있지 않아도 나보다 내 마음을 더 잘 아는 듯하여 놀랍기만 하던 어머니는 아직도 내 몸과 마음 어디에나 계시는 게 아닐까.

어머니는 나를 기다리셨다. 학교가 파하고 집으로 가면 대문이 보이는 골목 모서리부터 발걸음이 빨라졌다. 소심한 내가 대문을 밀치며 "엄마!"라고 자신 있게 외치면 재봉틀 소리가 뚝 그치고, 곧바로 방문이 열리고 반가운 목소리가 나를 반겼다. 그분은 어린 나의 동그란 우주 전체였다. 어머니가 일주일 내내 기운 우비를 머리에 이고 삯을 받으러 가신 날은 혼자서 아랫목에 누워도 보고 실패도 만져 보았지만 오후 내내 신이 나지 않았다. 장롱과 앉은뱅이 재봉틀이 가재도구의 전부였던 안방이 운동장만 하였다.

  어머니는 지금도 나를 기다리신다. 같이 살자는 권유를 마다하고 허름한 시골집 낡은 역사를 지키고 계신다. 올 거친 삶의 지주가 되던 남편이 투병 빚만 남긴 채 다시 못 올 길로 떠났다. 힘이 되어주시던 할머니도 가셨다. 소맷부리에 매달리던 어린것들도 제 삶을 찾아 뿔뿔이 흩어졌다. 어미 된 마음은 미물이나 사람이나 매한가지인가 보다. 매정한 내 손길을 거부하려는 듯 가시들이 거칠게 일어선다. 덜 굳은 가시로 애들이 어찌 혼자 살아갈까. 근심에 싸인 어미선인장은 몸을 활처럼 구부려 한을 둥개고 있다. 누구나 한 번은 떠나는 것, 깊은 밤 불 밝히고 낡은 사진첩 어루만지며 홀로 가슴 싸안던 어머니도 때가 되면…. 손때 절고 금 간 토분 같은 집만 남겨지리라.

어머니께서 문을 밀며 부르고 싶은 이름은 무엇일까. 곁에 남은 이 없음을 알면서도 늘 부르시는 이름은 무엇일까. 같이 살면서 어머니께서 내 이름을 부르실 때 반가이 대답하는 일은 이제 어른이 된 내가 해야 할 의무일 것이련만. 그분의 치맛자락에 싸여 네 남매가 자랐다. 하지만 무려 여덟 개나 되는 자식들의 큰손은 제 자식 쪽으로만 향해 있으니…. 어머니는 지금도 혼자이시다. 부르고 싶은 이름을 속으로 삭이며 그렇게 혼자 계신다.

오랜만에 만난 친구의 이야기는 묘한 여운을 남겼다. 팔순을 넘긴 아버지가 돌아가시기 전에 중환으로 고생을 많이 하셨다고 한다. 임종 전에 혼미한 정신을 잡아보려고 신음하면서 "엄마! 엄마!"하고 애처롭게 부르시더란다. 가파른 벼랑에 매달려 땅 위에 드러난 나무뿌리를 잡고 버티는 지경이 아닌가. 생명줄이 끊어지려는 절체절명의 위기 상황에서 그가 찾은 본능적인 모음은 '엄마'였다. 아내나 자식의 이름이 아닌 영혼의 고향, 어머니였던 것이다. 결국 돌아가셨다는데 어쩌면 먼저 가신 어머니의 대답을 들으셨는지도 모를 일이다.

굽은 허리를 펴는 신통한 대장장이는 없는 것 같다. 세월의 무게가 고스란히 얹혀 화석이 되려는 것인가. 지난번 제사를 지내고 한밤중에 떠나올 때 어머니를 꼭 껴안아보았다. 내 몸무게를 온통 실어 매달려도 끄떡없던 엄마를 힘을 주면 사그라질까 봐 살며시 껴안아야 했다. 어머니께 종아리를 맞으면서 예전처럼 아프지 않아 울었다는 옛사람의 고사가 내 일인 양 서럽다. 서너 시간을 달려와 무사히 도착하였다는 전화를 드렸다. 주무시지 않고 계시다가 내 전화에 답하는 어머니 목소리를 들으니 마음이 제 자리를 찾는다. '어머니는 내게 대답해 주시려고 옛집에 계시는 거야.' 나는 또다시 엄마 등에 매달리는 철없는 새끼선인장이 되고 만다.

 따끔하다. 장갑을 끼고 신문지로 말아 쥐었는데도 서너 개의 침이 손가락에 박혔다. 가시 하나 뽑을 때마다 어머니 계신 서쪽 하늘을 바라본다. 언젠가 해외여행을 권하는 내게 팔순을 바라보던 내 어머니는 손자 녀석 용돈이라도 벌어야 한다면서 단호히 거절하셨다. 아들만 자식이냐고, 직업 있고, 자식까지 있는 아들에게 무슨 걱정거리가 남았냐고, 제발 당신 걱정이나 하시라고 퉁명스럽게 응대한 내 목소리가 두고두고 나를 찔러대는 가시가 될 줄 어찌 알았을까. 새끼를 떼어내는 나를 견제하는 어미선인장의 가시는 날을 곧추세워 햇살 속에 은빛으로 빛난다. 칼날처럼 뻗치는 기상, 나는 잠시 머뭇거린다. 아직도 새끼에게 빨릴 수액이 남았을까. 군데군데 굳어가는 몸을 지탱하기조차 힘든데 어미는 새끼를 안고 가려 하는 것인가.

   내 이름을 부르는 어머니의 목소리를 듣는다. 첩첩한 건물 너머 아득한 구름 사이로 괜찮다고 하시는 어머니의 목소리, 굽은 허리를 세울 튼튼한 받침목이 되지 못하는 큰딸을 어머니가 토닥이신다. 그 목소리가 더 아파 가시가 잘 보이지 않는다. 내 가슴속에서, 내 손가락에서 가시들이 서릿발처럼 일어선다.

저어새의 눈물

 '높이 솟은 받침대에 보석으로 치장한 왕자의 동상이 서 있다. 그는 발아래 내려다보이는 도시의 비참한 삶이 가슴 아파 눈물을 흘린다. 왕자는 제비에게 자신의 몸을 덮은 금조각과 보석들을 떼어 사람들을 도와주라고 부탁한다. 성냥팔이 소녀에게 마지막 남은 사파이어 눈동자를 전달하고 왕자는 눈이 멀지만, 찬란한 금박이 벗겨져 잿빛으로 변할수록 가난한 사람들은 행복해졌다. 추해진 모습의 왕자는 녹여서 사라질 위험에 처하고 그를 도우느라 남쪽나라로 떠나지 못한 제비는 죽음을 맞는다.' 오스카 와일드가 1888년 아일랜드에 탄생시킨 동화 「행복한 왕자」의 주인공은 아직도 행복하다. 임옥상이 2006년 대한민국에 탄생시킨 철재 저어새는 어떨까.

　명동 롯데백화점 앞, 저어새가 높은 기둥 위에 서 있었다. 그는 몇 개의 쇠막대와 철판으로 만들어진 설치미술품이었다. 갈급한 대주제의 상징물이지만 입성은 초라하였다. 동그란 눈이 튀어나올 듯하고, 전선이 뭉쳐있는 뱃속, 포근한 깃털 하나 없는 몸통은 보석으로 치장한 행복한 왕자하고는 거리가 멀었다. 번잡한 곳이라 천연기념물이 있을 자리는 아니다 싶어 의아해한다. 소비의 최고봉을 지향하는 거대 백화점 앞에서 최소한의 장식도 거부한 채 태양빛을 온몸으로 받아내며 뜨겁게 달구어지고 있는 저어새는 지금 시위 중인가. 양산을 지져먹을 듯 덤비는 햇살을 피해 고개를 든다. 저어새의 가슴에 달린 동그란 부착물에 햇살 한 줄기가 쨍하고 빛난다.

　환경시계라 했다. 지구의 멸망을 상징하는 시각, 12시에 점점 가까워져가고 있는 시계 앞에 서서 시계의 심장 소리에 귀를 기울인다면 어떤 느낌일까. 뉴스에서 '환경시계'라는 말을 들은 순간부터 그것이 나의 화두였고, 서울에 가면 반드시 찾아가 보리라 결심한 터였다. 12시가 되면 저어새의 심장이 터지고 세상의 호흡 또한 멈출 것인가. 실천이 따르지 못하던 걱정과 불만이, 방관과 편리의 추구에 익숙했던 내 습성이 부끄러워 시계바늘을 올려다보는 눈이 시리다. 2023년 인류의 환경시각은 오후 9시 31분, 우리나라의 환경시각은 오후 9시 28분, 둘 다 '매우 위험' 수준이다.

두어 시간 남짓 남은 시간 동안 우리가 할 수 있는 일은 무엇일까. 145분의 여유가 있다고 마음 놓을 일일까. 우리나라 환경연구가들에 따르면 한국의 환경 시각은 12시 5분 전이라고 한다. 멸망을 앞두고 있지만 우리들의 경각심은 제로에 가깝다고 학자들은 입을 모은다. 수돗물 발암물질 파동이 있었고, 녹조와 가뭄과 홍수에다 폐플라스틱과 폐비닐 대란을 겪었다. 거기다가 온실효과로 인한 기후변화에 미세먼지와 오존이라니…. 모두들 놀라고 분노하고 걱정하였다. 정수기를 사고, 공기정화기를 들이고, 인터넷으로 특수마스크를 대량 구입하였다. 탄소저감과 친환경에너지를 운운하였다. 그리고 또 잠잠해졌다.

그런 후, 사람들은 많이 소비하고 또 많이 버린다. 자주 샤워하고 샴푸하고 린스하고 자외선차단제를 온몸에 덧바르고, 일회

용의 편리함을 즐기며, 에어컨 온도는 십팔 도로 고정하고, 걸음을 줄이고 무작정 대형승용차를 계약한다. 작은 물건 하나를 사면서도 겹겹 포장이 고급스럽다며 기꺼이 지갑을 열고, 옷장이 넘쳐나도 또 옷을 고른다. 문명의 혜택을 받는 선민처럼 우아하게 소비하며 자연을 더럽히고 또 더럽힌다. 자신이 만든 오염을 자신만은 피하고자 목청을 높이며 항의하고 또 소비한다. 자신의 구미에 맞게 자연을 개발하고, 돈을 좇아 온갖 생명 있는 것들의 삶터를 황폐하게 한다. 탄소중립이란 용어가 심심치 않게 들린다. 산업뿐만 아니라 사람들의 마음마다 산소방울이 달릴 때 저어새가 호흡기를 다는 꼴을 피할 수 있을 텐데 걱정이다.

   저어새가 인간 세상을 내려다본다. 값나가는 치장 하나 없이 세상을 돕기는 어려운 일이다. 그래서 햇빛을 더 세차게 튕기는가. 저 빛살이 신음하는 지구에 약침이 되려나. 지구 온난화로 사라질 위험에 처한 남태평양의 낙원 같은 나라, 투발루를 빌려오지 않더라도 일찍이 겪어보지 못한 폭염으로 사람들이 떨고 있다. 하나밖에 없는 지구가 숨을 헐떡인다. 살바도르 달리의 시계들처럼 환경시계가 녹아서 늘어지고 있다. 저어새의 심장을 본다. "세계적 멸종위기종인 내 모습을 봐." "내 가슴의 환경시계를 봐." 달리가 지금 코로나가 장악한 세상을 본다면 환경시계에 마스크를 씌우려고 하지 않을까.

　찻집은 딴 세상이었다. 소매 긴 옷을 가방에서 꺼내 걸치고는 움츠리고 앉아서 창밖을 보았다. 에어컨실외기가 열풍으로 바깥세상을 찐다. 길고양이 한 마리가 나타났다. 건물 턱 좁은 그늘에 몸을 쭉 펴고 늘어져 눕는다. 나는 춥고, 너는 나 때문에 더 덥구나. 헐떡이는 공간 중에 그나마 쉴 그늘을 찾아서 다행이었다. 옆 자리의 여자 둘이 쇼핑한 물건을 풀어보고 있었다. 가득한 포장재가 테이블을 채우더니 다시 그들의 쇼핑백으로 들어갔다. 환경시계를 본 탓인가. 그녀들이 고른 멋진 소품들보다 값을 지불한 수북한 쓰레기에 더 눈길이 갔다. 저 쓰레기들은 어떤 회로를 거쳐 어떻게 그녀들에게 다시 돌아갈 것인가.

　'하느님이 천사에게 도시에서 가장 귀한 두 가지를 가져오라고 명령하였다. 천사는 주저 없이 행복한 왕자의 쪼개진 심장과 죽은 제비를 가져다 바쳤다. 둘은 천국에서 행복하게 살았다.' 환경시계가 12시를 알린다면, 무릇 온 생명과 그들을 안아 키운 지구는 어찌 되는 것일까. 그때서야 하느님은 멈춰버린 저어새의 심장을 수리해 주실까.

어옹

"찌그덩 찌그덩"으로 읽어야 하지 않나. 고산 윤선도에 대한 세미나가 한창이다. 한 교수의 주제 발표가 끝나자 한복을 차려입은 시인들이 차례로 나와 어부사시사를 한 수씩 낭송한다. "지국총 지국총 어사와." 어부가의 전통을 살리고자 고산이 한자로 썼다고 이해하지만 그대로 듣자니 아무래도 어색하다. 자료집 뒷면에 낙서를 한다. 내 손끝에서 창조된 사공의 억센 팔에 힘줄이 돋고, 노는 소리를 질러댄다. 어느새 고산의 마음이 되어 어부사시사 한 가락이 내 입에서 흘러나온다. "찌그덩 찌그덩 어여어차."

　노잎이 물살을 헤친다. 노의 모습이 저어새의 널찍한 검정 부리를 닮은 까닭일까. 뱃전에 저어새 한 마리가 부리를 들이민다. 손잡이를 기울여가며 밀고 당길 때 노는 저어새처럼 쉰 소리를 질러댄다. 바람살이 힘겨워 뱃전에 꼭 붙어 선 내 어깨엔 배낭 대신 바랑이 걸리고, 마음은 도포자락 날리는 듯 자유로워진다. 내친 김에 새가 훨훨 내 눈앞에 나는 모습도 그려보고 싶지만 잘 나가던 볼펜이 삐걱댄다. 기억에 남아있는 안쓰러운 사진 한 장을 떠올렸기 때문이다.

　서해의 작은 무인도였다. 한 마디로 초췌하달까. 새끼 저어새가 뒤얽힌 나뭇가지 위에 앉아 있었다. 털이 짧고 성글어 피부색을 아직 가리지도 못한 어린 것이 주변을 살피는 듯 보였다. 그 앞에 놓인 한 줄기 덩굴의 잎들은 반나마 말라 있었다. 어미는 어디 갔을까. '환경의 깃대종'이라는 다소 숭고한 이름표를 달고도, '멸종위기 야생동물 1급'으로 분류되어 있는 갈급한 현실을 저 어린 것은 아는 것일까. 개체수가 한때 300마리까지 줄었다는 희귀한 새, 전 세계 개체수의 90%가 우리나라에 산다는 저

이웃에게 우리는 무슨 짓을 한 것일까. 멕스 데스코의 사진 「전쟁고아의 눈물」 속 아이처럼 생존이 불투명해 보이는 어린 새 한 마리가 내 마음을 흩트려 놓았다.

    새를 찾아다닌 것은 내게 드물지 않은 경험이다. 내 추억은 대체로 낙동강 하류에 위치한 철새도래지인 을숙도에 존재하는데 이제는 문명이 만든 온갖 시설로 추억의 그 장소는 찾을 수도 없다. 몇 년 전 고니 보러 갔다가 전염병 때문에 출입을 막아 하얀 구호복을 입은 사람들 뒤통수만 보고 돌아왔었다. 금강 하구 서천 갈대밭과 주남저수지의 가창오리떼, 합천 정양늪의 기러기떼…. 그들을 찾아다녔지만, 탐조경에 눈을 대고 그들과 열심히 인사를 나누었지만 이제 와 생각해보니 그들은 내 시선을 피하기 바빴던 것 같다. 그저 그들은 자신의 삶에 충실했고 나는 그들에겐 달갑잖은 이방인이지 않았을까.

    '멸종'은 너무나도 두려운 말이다. 듣자마자 죄책감이 밀려오는 것은 그 이유 대부분이 사람들의 이기심 탓임을 알기 때문이다. 바닥에 삶터를 꾸리는 저어새의 천적은 너구리 같은 야생 육식동물들이나 재갈매기, 수리부엉이, 곰쥐 등을 든다. 하지만 가장 무서운 천적은 사람이지 싶다. 갯벌을 오염시켜 먹이를 뺏고,

개발을 목적으로 아예 갯벌을 없애기도 하는 그들, 좋아라하며 카메라를 들이대고 번식처를 어른거리는 그들 때문에 번식은 실패하게 된다. 사람은 그들을 보고 웃고, 그들은 사람을 보고 떤다. 겨울을 대만 등지에서 따뜻하게 지내고 봄이면 DNA에 새겨진 대로 태어난 곳을 찾아 돌아오는 그들에게 보내는 환대는 무엇이어야 할까. 사람들의 반성이 깊어진 긴 세월 동안 서해안 여기저기 드문드문 발견되던 개체가 조금씩 늘어난 것은 참으로 다행한 일이었다.

누군가 '저어새의 산부인과'가 생겼다는 말을 썼다. 인천 남동산업단지 안 유수지에 있는 작은 섬에 말이다. 십 년 전쯤에 저어새가 찾아왔고, 번식을 시작한 후 개체수를 늘렸다. 몇 년 전에 작은 섬이 비좁아지자 사람들은 큰 섬을 만들어주었다. 별로 호응이 없더니 너구리의 공격으로 수많은 알이 도륙되고 수십 마리가 당하자 그들은 단체로 큰 섬으로 이주를 했단다. 안전망을 치고 전기목책을 설치한 인공섬에서 저어새들은 삶을 이어간다. 그들을 보호하고자 하는 인간의 노력이 가상하지만 사진에서 보는 그들은 행복하게 보이지 않는다. 어쩔 수 없이 갇혀버린 느낌이 드는 것은 자유로웠던 그들의 과거를 아는 까닭이다.

얼마나 고민했을까. 예민하고 경계심이 많다. 조금이라도 안전하지 못하다는 기미가 보이면 단체로 새로운 곳으로 떠나버리는 습성을 가졌다. TV 다큐멘터리 촬영 후 서식지가 비어버린 일도 있었다고 한다. 사정이 그런데도 그들이 공단 안 유수지의 작은 인공섬에 자리 잡은 것은 신기한 일이다. 냄새나는 탁한 물이어도, 먹이를 구하러 고층아파트를 피해 시흥의 호조벌이나 관곡지 연꽃마을까지 왕복하는 수고를 해야 해도 이곳에 자리 잡을 수밖에 없었다는 사실이 슬프다. 살 곳을 찾기가 얼마나 마땅치 않았기에…. 폐기되었지만 이곳 일부에 하수처리장을 짓겠다는 논의도 있었고, 인천시에서 철새 서식지를 보호하겠다는 약속을 했다는 뉴스도 보았다.

내 마음에 간직한 새끼 저어새는 지금 어찌 되었을까. 저어새가 찾아왔다는 반가운 뉴스 속 주인공이었지만 그때 기자는 그 섬의 이름을 밝히지 않았다. 백척간두에 서서 종의 존립을 걱정하는 새들에게 인간이 보인 사죄와 연민의 표현이 아닐까라고 나는 나름 짐작했다. 쫓겨난 그들을 보고 싶다며 또 배낭을 챙길 것인가. 그들의 삶터 가까이 다리를 놓고, 해안도로를 건설하고, 전망대를 만들고 데크를 설치해야 할까. 그리하여 얼마 지나지 않아 몰려든 사람들의 홍수에 시달리게 된다면 그들은 또 어디로 가야 할까. 떼로 당하는 스토킹은 돌파구를 찾기 어렵다. "우리를 찾지 마세요. 큐리 큐리." 그들의 단호한 음성을 듣는다. 동영상 속 저어새가 넓적하고 긴 부리를 노처럼 가로저으며 "No!"라고 외치는 것이다.

시인의 목소리가 제법 유장하다. 나는 아까 그렸던 그림 속 저어새에게 고산의 삿갓을 씌운다. 서해바다 작은 무인도에서 저어새가 고산孤山의 심정으로 부리를 젓는다. 그리고 한 수 그윽하게 읊는다.
"찌그덩 찌그덩 어여차/ 인간人間을 도라보니 머도록 더옥 됴타"

* 어옹漁翁 : 고산 윤선도의 호

차라리 묵언

식물을 키우다 보면 뿌듯할 때가 많다. 내 손길에 내 눈길에 반응하는 듯 성숙해가는 그것들은 내 기쁨의 샘이면서, 내 삶의 반려까지 그 지위를 넘보기도 한다. 어느 날 그것이 나도 모르게 댕강 잘려져 버리는 일이 생긴다면 내가 보는 세상은 어떨 것인가. 꽃댕강나무는 어쩌다 내게 밉보였는가. 고개가 갸웃거려지는 이름은 본인도 원하지 않았을 것만 같다. 소중한 꽃이 댕강 잘려진다는 뜻으로 받아들여져서다. 공해에 강하고 개화 기간도 긴 꽃댕강나무를 원망하게 된 것은 내 반려 채소들이 당한 피해 때문이었다.

　출근길에 매일같이 들르는 밭이 있다. 경보하듯 비딱거리는 바쁜 아침시간이지만 그곳에만 가면 서성대느라 멀리 보이는 횡단보도의 푸른 신호를 서너 번이나 그냥 보내곤 한다. 교육대학 뜰을 장악한 멋진 관상수에 비할까만 일년초 여린 식물이 일으키는 애틋함은 건조한 정서를 어루만지는 윤활유가 된다. 채식을 즐기지만 화초처럼 소중하기만 하였다. 얼마나 자랐을까. 벌레 먹지는 않았을까. 긴 가뭄 뒤에 비까지 내리니 지난 월요일 아침, 집을 나서는 마음가짐이 남달랐다.

　서둘러 우산을 폈다. 빗방울이 발등을 튕기고는 앞장을 섰다. 아침마다 내 발길을 부여잡는 손길을 떠올리니 교대 교정을 통과하는 시간이 길게만 느껴진다. 헉헉대던 나무들이 마침내 심호흡을 하고 해갈을 한다. 폭염에 잎 가장자리가 도르르 감겨버린 벚나무 잎이 말갛게 씻기고, 습기를 머금은 소나무 보굿은 온 몸을 느긋하게 편다. 등교하는 부속초등학교 아이들이 모차르트 음악에 맞춰 우산을 흔들어댄다. 공기도 생기가 넘치는 오늘 아침 내 벗들은 얼마나 싱싱해졌을까. 밭 가까운 빌라에 사는 주민이 심었을 것이라 짐작해 보지만 그건 별로 중요하지 않다. 올 여름

부터 지금까지 나는 아침저녁으로 눈도장을 찍고 그들의 성장을 격려해왔던 터였다.

어디로 갔을까. 교대 테니스장 바깥쪽 담벼락을 따라 폭이 너덧 뼘 되는 빈 땅을 차지하고 살던 채소들은 무슨 일을 당한 것일까. 담장 위쪽으로 이어진 쇠 그물에 마른 수세미줄기 몇 올만 흐느적거릴 뿐 무도, 배추도, 고춧대도, 키 큰 방아도 흔적 없이 사라졌다. 대신 그 자리에 빼곡히 자리 잡은 꽃댕강나무들이 겸연쩍게 나를 본다. 플래카드 걸이가 설치된 부분까지 합쳐서 십 미터 정도 되는 길이의 땅에 제법 수십 포기의 작물이 자라고 있었는데, 행정기관에서 그것들을 빼내고 조경수를 심은 모양이다. 그것들은 내가 뽑아서 어찌하고 싶은 식재료가 아니었다. 그저 볼 때마다 부족하나마 정성스런 눈길을 주는 벗이었는데….

'씨앗 한 톨에는 우주가 들어있다.'는 말이 있다. 씨앗 하나가 땅에 심겼다. 터 잡은 작은 구역을 둥기하고 뿌리를 내어 터전을 일군다. 보드라운 싹이 단단한 땅을 뚫고 세상으로 나와 공기와 햇빛과 물을 한껏 받아들여 나날이 잎을 키우고 꽃을 피우고 열매를 맺는다. 세상에 쓰이고 다시 씨앗을 품어 세대를 이어갈 수 있기를 기원하며 지켜온 삶이 아닌가. 내 벗들이 성숙해질 때까지 조금 더 기다려주었으면 좋지 않았을까. 속이 꽉 찬 배추가 되고, 굵은 무가 되고, 보랏빛 방아꽃이 씨앗을 단단하게 갈무리하도록 시간을 줄 수는 없었을까. 식물의 입장에서 보면 인간의 토지소유권이란 참으로 허무맹랑한 공수표에 불과할 터이지만 또 얼마나 두려운 것일까.

　도시계획에 길든 눈으로 보자면 도로변에 가꾸어진 채소밭이란 용납하기 힘든 조경이었을 수도 있으리라. 꼭 할 수밖에 없는 사정이었다면 미리 언제 식수를 할 계획이니 채소를 가꾸지 말라는 안내판을 붙여주었더라면 어땠을까. 버려진 땅을 파서 씨를 뿌리고 물주고 북 올리며 가꾸어온 사람의 허탈함은 어쩌란 말인가. 아무 연고도 없지만 꽃보다 더 귀하게 마음 주던 나 같은 사람이 또 없지는 않을 텐데. 파헤쳐지는 모습을 보지 않았으니 그나마 다행이라 할까. 꽃댕강나무를 만나는 출근길은 재미가 없었다. 가지가 부러질 때 댕강 잘 부러지고, 댕강 하는 소리가 나서 그런 이름을 얻었다는데 내 채소들이 댕강댕강 잘려나갔을 순간을 생각하니 나무 이름을 입에 올리기 힘들었다. 텃밭을 가꾸는 시골생활을 꿈꾼 지 얼마인가. 잠시나마 도시를 벗어나고 싶었다.

하얀 들길이 눈에 들어왔다. 차를 세우고 마음이 시키는 대로 들판을 가로질러 먼 마을 쪽으로 걷기 시작하였다. 일렁이는 황금들판보다 더 매혹적인 노란색이 어디 있을까. 풍년이다. 산들바람에 몸을 맡기고 익은 벼이삭들은 금빛 윤슬처럼 반짝거린다. 우연한 만남은 더욱 미쁜 법인가. 개망초, 구절초, 억새, 이름 모를 잡풀까지도 차근차근 다시 들여다본다. 부지런한 농부가 논두렁, 밭두렁까지도 빼곡하게 콩을 심어두었다. 수로 옆 빈터도 잘 다듬어 콩 줄기가 내 허리께에 키를 재고, 내가 좋아하는 들깨는 넙데데한 이파리 한가득 햇살을 담아 향을 빚는다. 붉은 고추가 초록비탈에 방점을 찍는데 들국화 몇 송이가 풀덤불에 고명을 얹는다. 자연은 지금 축제 중이다. 수로를 따라가다 조그마한 저수지를 만났다.

　수면 위에 작은 움직임이 끊임없이 이어진다. 손바닥을 위로 치켜들어보았지만 빗방울은 아닌 듯하다. 흰 구름 몇 조각만 여유롭게 흐르는 하늘이 저수지 물속에도 들어 있다. 수포를 밀어 올리고 움직임을 만들어내는 물 식구들이다. 연, 생이가래, 검정말도 있을 테고 그 사이를 유영하는 메기도 있을까. 낚싯대 앞에서 강태공은 시간을 잊었는지 미동도 없다. '부디 낚싯바늘 근처에는 얼씬도 말아라. 졸고 있는 낚싯대 깨우지 않게.' 물 식구를 격려하다 내가 이방인임을 깨닫는다. 저수지가 내려다뵈는 언덕에 앉아 나도 풍경 속으로 들어갔다.

    내 한 몸
    지구를 차지한 게
    점이나 될까?

    내 일생
    세월에다 세워놓으면
    점이라 할까?

    지금은
    점일지라도
    금방 점도 아닐 걸….

여기서는 풀잎 하나, 물풀 하나도 주인 아닌 것이 없지 않은가. 서관호 시인의 「묵언」을 외며 사라진 내 벗들을 떠올린다. 점이었다가 금방 점도 아닐 사람이 가는 곳마다 주인 행세를 한다. 뽑고, 옮기고, 죽이고, 자르고, 더럽히고, 짓밟고…. 내게 미움 받은 꽃댕강나무에게 미안해진다. 사람 때문이 아니고서야 댕강하고 비명 지를 일이 뭐가 있겠는가. 하릴없이 돌멩이 하나를 물에 던졌다. 개구리 한 마리가 급히 연잎에서 뛰어내린다. 여기선 내가 무례한 객이구나. 무안해져서 자리를 털고 일어섰다.

서향과 장구댁

바싹 말라버렸다. 검붉은 빛 도는 마른 줄기가 둥근 수형 그대로 박제되어 버렸는데 이게 무슨 일인가. 몇 십 년을 함께 한 성숙한 나무가 며칠 사이에 이럴 수가 있을까. 알아봐도 원인을 아는 사람이 없었다. 황매와 철쭉 사이에서 어깨를 겯고 출입 때마다 내 눈도장을 받던 서향나무가 아니던가. 조선시대 강희안은 『양화소록』에 "한 송이 꽃이 터져 나오면 향기가 온 뜰에 가득하고 꽃이 활짝 피면 그윽한 향기가 십 리나 멀리까지 퍼진다."라고 적었다. 오랜 세월 그리도 향 보시를 해주더니, 지쳤던 것일까.

　내 키만 한 서향나무가 차지한 곳은 우리 집 출입구 옆 화단이다. 곁방살이, 전세살이를 거쳐 조그마한 내 집을 마련했을 때 얼마나 들떴던가. 매일 같이 쓸고 닦고 반짝거리는 집을 보며 부족함이 없었다. 집 앞 계단에 내 눈에만 보이는 주단을 깔고 사뿐거리며 걸을 수 있었다. 고군분투하여 깃발을 꽂고 나니 이사 다니느라 기웃거리던 이 동네, 저 동네보다 내가 깃든 내 동네가 최고라고 여겼다. 집은 내 몸과 정신의 거처였다. 삼십 년 넘게 살고 있는 우리 아파트 단지 구석구석에 나무 한 그루, 풀 한 포기가 낯익은 친구가 되어있다. 그 중 향으로 내 낡은 집을 장식해주던 내가 가장 귀히 여기던 천리향이 고사목이 되어 버렸다.

　그 나무 앞에 서면 장구댁네가 떠오른다. 노년의 주민이 많은 우리 동에서 그들이 흩뿌리는 젊은 기운이 좋았다. 천리향 향기만큼이나 유쾌한 사람들이었다. 국악을 하는 아내와 사업을 하는 남편 사이에 아들 하나를 키웠다. 말끔하고 인사성 밝던 그들 덕분에 조용하던 아파트 입구가 정이 넘쳤고, 엘리베이터 안에서도 함께 사는 것의 소중함을 느낄 수 있었다. 예술가답게 옷 입는 감각도 뛰어나고, 나이 많은 우리를 공대하며, 아들에게 깍듯한 예절을 가르치던 그들이 보이지 않은 지 몇 달이 흘렀다. 오랜 세월 함께 하였어도 이런 부재는 없었는데 무슨 일이 생긴 것일까. 짐작이 장마철 잡풀처럼 무성해져도 계단을 오르다가 때로 생각에 잠기는 것 말고 별 도리가 없었다. 별 역할도 하지 못하는 내게 '반장님'이라며 이것저것 의논도 많았는데….

초인종 소리는 공허한 메아리였다. 6층 장구댁네는 혼자 있게 해달라는 듯 육중한 침묵에 빠져 있었다. 거미줄에 얽힌 마른 모기가 흔들리고, 문 앞에는 택배상자, 문 위에는 온갖 스티커들이 주인의 부재가 여전함을 알렸다. 내가 붙여놓은 연락쪽지도 유효기간을 넘긴 지 오래고, 한때는 반짝거리던 금색 명패도 빛을 잃었다. 경첩에 쳐진 거미줄과 먼지 뭉치가 황량한 사막에 구르는 마른 가시풀 더미 같아서 정리를 할까 하다가 그냥 두었다. 주인 없는 그것들의 남루함이 나의 접근을 막았다. 무기척이 명패가 되어가는 그 집 대문 앞을 지날 때마다 마음에 허한 바람이 일었다. 법원에서 온 최고장이 숫자를 늘리자 이젠 불안이 세력을 불렸다. 깨끗이 정리하면 장구댁이 돌아오지 못할 것 같은 주술적 전조가 뇌리에 똬리를 틀었다.

어릴 적 우리 집에는 세 가구가 살았다. 본채에는 주인댁과 세든 우리가 살고, 아래채에는 나 또래의 준이와 홀어머니가 살았다. 그 어머니가 행상을 나가면 그 애는 나랑 곧잘 놀았는데 어느 밤에 모자가 사라져버린 것이었다. 툴툴거리며 울화를 쏟아내는 집주인 아주머니를 보며 을이라는 연대의식이 작용했을까. 새로운 세입자가 들어올 때까지 괜히 아래채를 기웃거리며 나는 이유도 모르고 기가 죽었다. 내내 안부가 궁금했지만 그들은 돌아오지 않았다. 지금은 어엿한 가장으로 한 삶을 이루었겠지만 그때 그들이 가진 그림자를 짐작하기 어렵지 않다. 뉴스를 보기 괴로울 정도로 수상한 세월을 살고 있지 않은가. 천정부지로 뛰는 집세와 실업, 코로나로 인한 두려움과 엄청난 경제손실까지 떠안은 사람들은 지금 마르는 중이다. 복지의 체에 걸러지지 못한 사람들에게 어둠을 감싸줄 향기로운 소식은 없는 것일까. 천리향 향기처럼 천리는 못 가고 서로 주변만 비추더라도 비극은 막을 수 있지 않을까.

  장구댁 집이 경매로 넘어갔단다. 원주인과 연락이 안 되니 새로 이사 오게 된 사람은 전 주인이 남기고 간 세간살이를 어찌해야 할지 고민이라 하더란다. 어안이 벙벙했다. 이문에 밝지 않은 나로서는 경매로 팔렸다는 말에 장구댁의 곤고함이 어느 정도일까 하는 걱정이 더해져 할 말을 잊었다. 돈이 절박하게 필요한 사람이 감수한 '억억' 소리가 날 정도의 손해를 이해하고 싶지 않지만, 봇물을 틀어막는다는 의미로 본다면 팔려서 다행이라 여겨야 하는 것일까. 얼마나 옭죄었으면 몸만 피해야 했단 말인가. 코로나로 인한 고립 때문에 이웃이 외로이 떠난 사실도 몰랐다. 오십 대 초반으로 보이던 그들이 짊어진 멍에는 어느 정도일까. 어디서 새로운 터를 잡아 일어설 것인가.

  서향나무 자리가 휑하게 비었다. 관리실에서 결정을 내린 모양이다. 서운한 마음에 기억 속의 나무와 밀담을 나눈다. 오종종한 꽃을 들여다보며 함께 수다 떨던 그 날처럼 장구댁의 씩씩한 목소리를 듣고 싶다. 어둠이 깊으면 동살은 더 환하리란 기대를 안고 계단을 오른다. 준비된 묘목이 자라 꽃을 피우면 천리만리 상서로운 향기가 그녀에게 가닿았으면 좋겠다.

Part 2
석류알 같은

개못생겼다

이런 말을 들으면 어떨까. 그것이 사병이 여성 장교에게 한 말이라면 또 어떨까. 피해자는 모욕죄로 보았고, 검찰은 사회적 평가를 저하시키는 경멸적인 감정의 표현으로 보았다. 법원은 '개'라는 접두어가 강조의 의미로 청소년 사이에서는 부정적으로도, 긍정적으로도 사용된다며 그 장병에게 무죄를 선고하였다고 한다. 실수를 한 장병이 벌을 받지 않게 되었으니 다행이라 해야 하나. 이제 하극상으로 이런 말을 들어도 참을 수밖에 없는 세상이라 한탄해야 하나. 온천천으로 산책을 나서다가 숙제를 안게 되었다.

"개어렵더라." "개구라치네." "개에바." 이건 또 무슨 불편한 언어상황인가? 꼭대기 층에 과외 받으러 다니는 아이들인가 보다. 엘리베이터가 만원이다. 어휘에 관심이 많은 편이라 그런가. 간접흡연의 위험도 직접흡연 못지않다더니 대화에 참여하지 않고 듣기만 하는데도 귀가 위태롭게 일어선다. 가히 '개' 전성시대인지 어디다가 붙여도 척척이다. 듣기 힘들어 제지하는 어른이나 인상 쓰며 돌아보는 눈길이 있어도 '개'를 붙여 무시하면 그만일 것 같은 태세가 아닌가. 접두어인지 부사인지 문장성분을 따져서 띄어 쓰나 붙여 쓰나를 챙기는 것은 이차적인 문제다. 듣는 게 못마땅하였으니 정서적인 차원에서만 생각을 펼쳐보기로 하였다. '개'에 집중하여 머리를 굴려본다.

'접두'란 앞머리에 붙인다는 뜻이다. 상투 위에 앉아 의미에 힘을 실어주는 전지전능한 신의 손바닥처럼, 보이지 않는 심령술사의 장력처럼 에너지를 휘감아 낱말은 힘을 더한다. '개'가 가진 어떤 면이 인간을 매혹시켰을까. 간혹 '개' 소리가 물음표를 당기더니 세력을 넓혀 이제 여기저기 심심찮게 출몰한다. 노자老子의 『도덕경』에 '언유종言有宗'이라 했다. '말에도 근원이 있다.'는 것인데 어떤 단어가 새로 생기면 사람들은 그 뿌리를 찾아가려는 속성이 있어서 '개'의 경우는 원래 있던 '개xx', '개판', '개망신' 등으로 생각을 뻗치는 경향이 있어 부정적인 정서를 야기하게 된다. 이는 심리적 건강에 도움이 되지 않는 폭력과도 같은 상황이라 봐야 하지 않을까. '개를 붙여 쓰는 낱말'을 검색해보니 폰 화면에 금방 정리해 놓은 자료가 뜬다. 몇십 개나 되는 낱말을 소리 내어 읽는데 한결같이 힘들어서 헐떡이거나 감정이 격해지는 느낌을 받는다. 내가 너무 예민한가.

어감이 주는 특성 때문에 '개'가 낙점된 것일까. '개'는 전통적으로 부정적인 느낌을 갖는 낱말이다. 예로부터 바르지 못하거나 진짜라 하기 어려운 것을 이르는 낱말에 개는 사용되었다. '개살구', '개놈', '개꽃', '개나리', '개꿈', '개나발', '개다리', '개떡', '개똥철학', '개망신', '개망나니', '개흙'을 살펴보면 죄다 칭찬 들을 일은 없는 말들이다. 먹을 수 없어서, 사람 같은 인격을 갖지 못해서, 진실하지 못해서 어쩌면 가짜라는 의미를 갖게 되었다. 그 중 으뜸은 조선왕조실록에도 욕으로 사용된 기록이 있는 '개xx'다. 개와 새끼의 합성어지만 접두어라 주장하는 사람도 있다. 합성어든 접두어든 간에 부정적인 어감만은 절대적인 것 같다. '참

꽃', '참외', '참조기', '참사랑' 등의 말을 같이 세워보면 접두어 '개'가 가지는 말맛이 뚜렷하게 느껴진다.

 판사는 판결문에 '개'가 요즘 청소년들 사이에서 '매우'라는 강조의 의미로 쓰이는 데 긍정적으로도 쓰이고 있다고 적었다. '개이득', '개간지', '개맛있다', '개대박', '개득템', '개멋짐', '개빠름', '개설렘', '개꿀', '개매너', '개안습', '개쩐다' 같은 말들이 영화의 엔딩 크레딧처럼 눈앞을 훑고 올라간다. 멋지고 재미있고 대박이면 얼마나 좋은가. 거기에 '개'가 머리에 올라앉아 찬물을 끼얹는다고 내가 지적한다면 아이들은 무슨 소리냐고 할까. 사실 저녁 식사에 처음으로 게찜을 해 올렸더니 식구들이 맛있다고, 솜씨가 좋다고 칭찬을 해댔다. 기분이 좋아서 나만의 조리법을 기록해 놓기도 했는데 식구들이 "개맛있다."니 "솜씨가 개좋다."니 하고 반응했다면 내 기분이 어땠을까. 조롱받는 듯하여 조리법을 슬그머니 구겨버렸을지도 모른다. 새로운 표현을 받아들이지 못한다고 유행에 뒤떨어진다고 젊은 세대로부터 외면당할 수도 있겠지만 아이들만 사는 세상이 아니니 어쩌겠나.

 '개에바', '개안습', '개득템' 같은 말의 뜻을 알게 된 지도 얼마 되지 않았다. 요즘 인터넷에 올라오는 글이나, 아이들이 하는 말을 듣게 되면 생소해서 검색을 해가면서 이해하는 경우가 제법 많다. 아이들은 어른들을 따돌리려는 것일까. 부모 조부모 세대를 뒤돌려 세워놓고, 자기들끼리 북적이다 알아들으면 알아듣고 아니면 말고 하는 식의 행동은 우리말을 지키고자 노력해 온 기성세대에 대한 예의가 아니라는 생각을 한다. 신세대의 특성이란 어차피 기성세대에 대한 반항과 반론으로 새로움과 발전을 모색해 나가기도 하는 것이지만 마구잡이로 뛰어드는 벼랑의 끝에는 무엇이 있는지 뻔하지 않은가.

언어는 사고의 방향타다. '도둑', '밤손님', '양상군자'의 차이는 얼마큼인가. 어제는 구순을 바라보는 어머니를 모시고 순천정원박람회장으로 차를 달렸다. 부쩍 주장이 강해지신 어머니가 허락하는 유일한 운동시간이 놀러 다닐 때인 까닭이다. 어머니의 기분을 좋게 하는 것이 가장 중요한데 누가 '늙은이'라고 부른다면 어찌 될 것인가. 아니, 중립적 용어라 할 수 있는 '노인'이나 '노파'로 불렀더라도 어머니는 서운하셔서 "그만 집에 가자." 하셨을지 모른다. 식당 주인이나 공원 안내원들은 모두 '어르신'이나 '어머님' 같은 긍정적 호명으로 친절하게 배려해주었다. 다채로운 꽃밭과 푸른 숲, 맑은 호수가 보여 준 아름다움에 건강한 언어생태가 더해져 힐링을 마음껏 누렸다. 덕분에 어머니의 기분은 세 시간 넘게 걷고도 맑음이었으니 얼마나 감사한가.

교육방송에선가 낱말에 대한 사람들의 반응을 연구하는 실험을 본 적이 있다. 신기하게도 노인 연상 단어를 본 집단은 걸음이 느려졌고, 청년 연상 단어를 본 집단은 걸음이 빨라졌다. 사람은 영적 존재여서일까. 대학원 특강에 미국에서 초빙된 제니 리 교수는 "유전자는 '정신적 에너지'에 반응하고, 생명체는 '뜻'에 반응한다."고 역설하였다. 배설의 말이 아니라 배려의 말을 써야 하는 까닭이다. 유행이 새롭기는 하지만, '개'라는 말을 들으면 일단 초성부터 부정적인 어감을 받게 되어 뇌파는 스트레스파인 베타파로 바뀌고 부정적 호르몬을 불러들일 신호등을 켜게 된다. 적은 에너지일지라도 이래서야 어찌 몸과 마음의 건강을 기대할 수 있으랴. 사고방식의 괴리도 힘든 판에 언어까지도 불을 때서 세대차라는 계곡이 더욱 깊어지면 어찌 헤어 나올까. 배려와 배설은 반대쪽으로 달리는 자동차와 같다.

'개못생겼다'는 말이 법정까지 간 까닭은 '개' 때문이었다. 그 사병은 남을 폄하하는 부정적 낱말에 곱배기로 오물을 더해 혐오를 증폭시켰다. 판사는 무죄를 선고하였지만 고개가 갸웃거려지는 것은 무엇 때문일까. 이십 대 여성장교의 마음에 남은 그 말이 가져온 상처가 어찌 아물지 염려되기 때문이다. 누가 "네 마음이 개못생겼구나."라고 한다면 그 사병은 고개를 떨어뜨릴까. 피곤하여 발걸음을 집으로 돌린다. 이런 시류에 휩쓸리면 내가 댕댕이라 부르는 윗집 '개'조차 힘들 것 같다.

석류알 같은

핏물이 고였다. 비닐을 벗기자 껍질이 터진 석류들이 일제히 내게 안겨들었다. 영롱하던 보석 알맹이가 견딜 수 없는 고통으로 아우성친다. 살려달라고, 살려달라고. 투명한 피막을 지탱할 의지를 잃었던 것일까. 비련의 주체가 될 운명을 짐작했던 것일까. 알알이 맺힌 핏빛 멍울은 보호막을 잃은 존재의 아픔을 보여준다. 이 석류들은 의령에 사는 친구의 한 해 수확이었다. 못난이긴 해도 냉장고를 열 때마다 내게 새콤달콤한 행복을 안겨주었다. 이런 소확행이 지구촌 누구에게나 예사로운 것이라 생각했는데 그예 사달이 난 것이다.

석류는 신이 사랑한 열매다. 그리스신화, 터키신화, 성경, 코란, 베다에 불경까지도 등장하는 식물이다. 그리스 로마에서는 풍요의 상징으로, 이슬람에서는 신이 주신 좋은 것으로, 기독교국에서는 사제들의 제의를 장식하면서 재생과 부활의 상징으로 여겨졌다. 다산과 다복의 아이콘이다. 열매가 속살을 내보이면 지나는 누구라도 들여다보지 않고 못 배기는 것은 별개의 알맹이로 몫몫이 씨앗을 품고서도 덩어리로 어울려있는 신비함에 이끌리기 때문이 아닐까. 큰 알맹이로 자라고자 혼자만 비만하지도, 옆의 알맹이에 치여 오그려들지도 않는 적절한 욕망과 타협과 열정으로 석류는 늘 대견하였건만 나는 세상에서 가장 우울한 석류의 상징을 안고 말았다.

화면을 채우는 한 장의 사진에 눈을 크게 떴다. 폭격으로 부서진 교각과 다리 상판 아래에 빽빽한 석류알들, 그 하나하나가 공포에 질린 피난민의 얼굴이라면 그것을 말로 무어라 표현할 수 있을까. 러시아가 우크라이나를 침략했고, 우크라이나는 결사 항전 중이다. 핵무기로 경쟁하는 시대에 무력침공이란 광인의 춤이 아닌가. 분노하여 전화로 우크라이나에 기금을 보내기도 했지만 어느새 내 손톱 밑의 가시에 몰두하느라 가끔 뉴스를 보는 정도로 관심이 옅어졌다. 과거의 교훈은 역사책 속에 묻어둔 채로 모두들 현재의 안락함에 젖어있었다. 낮에는 태양이 밤에는 달이 늘 뜨리라 믿고 살아서일까. 무뎌진 감각은 서서히 뜨거워지는 물속에서 유유자적하는 개구리처럼 어리석다. 황홀하게 붉은 석류알들이 퍼렇게 굳어버릴 수 있다는 것을 생각지도 못하였으니.

얼음이 된 사람들, 교각 아래에 석류처럼 알알이 박혀 약속이나 한 것처럼 하늘을 쳐다본다. 우크라이나의 수도 키이우의 위성도시인 이르핀의 강에 놓인 거대한 다리가 폭파되었다. 잘려서 어긋난 다리 상판밖에 지켜줄 구조물을 갖지 못한 피난민들이 거기 모여 있었다. 사람들의 얼굴은 하얗게 질려있었다. 말을 잃은 어른들과 보채기를 잊은 아기까지 한 덩이로 얼어붙었다. 바로 여기 포탄이 날아든다면 어찌 될 것인가. 아니 미사일이 될 수도 있겠지. 밤이 되기 전 공습을 받는다면 어디에 숨을까. 얼기설기 부교를 엮어 보려는데 그것도 여의치 않아 집단공황상태에 빠질 지경이다. 여기 저기 널린 이웃들의 주검은 불안이라는 화마에 불을 땐다. AP통신은 이 사진에 '죽음의 다리'라는 이름을 붙여 세계에 전쟁의 포악함을 고했다.

무슨 어이없는 연상일까. 갑자기 수류탄手榴彈이 떠올랐다. 터질 때 탄알 파편이 사방으로 퍼지는 유탄이라 석류나무 류榴자를 쓴다는 설명을 들은 적이 있다. 전쟁터의 아픔을 보며 석류를 떠올리는 나의 불경스러움에 이마에 굵은 주름을 잡는다. 석류를 일컫는 말은 많다. 이해인은 '바람에 익힌 가장 눈부신 환희'라 하였고, 폴 발레리는 '자신의 비밀스런 구조를 꿈꾸게 하는 빛나는 파열'이라 하였다. 이 고혹적인 과실이 어쩌다 '죽음의 다리'에 모인 인파를 상징하게 되었더란 말인가. 기자와 인터뷰한 이들의 안위가 궁금하다. 로켓포 환청에 시달린다는 올렉산드르는 지금 안전할까. 전쟁해설사가 되어 부차에서의 고문과 전쟁 참상을 알리고 있는 예브게니, 전선으로 물품 보내기 자원봉사자로 활동하는 알료나는 아직도 무사할까. 기사 속 인물들 이름을 하나씩 소리 내어 불러준다.

해마다 유월이 되면 한국전쟁을 기록한 사진들이 카톡으로 날아온다. 떼로 몰려드는 중공군의 인해전술, 눈길에 끝없는 피난민 행렬, 끊어진 철교에 매달린 사람들, 총알구멍 뚫린 철모와 그 옆에 쓰러져 죽은 어린 병사, 판자촌의 아이들, 산더미처럼 쌓인 포탄 탄피, 폐허가 된 마을의 모습은 볼 때마다 눈가에 간

물을 돌린다. 휴전된 지 칠십 년이 되었다. 죽자고 일해 그럭저럭 터전을 다듬었지만 분단은 지속되고, 올해 들어 더 자주 미사일을 날려대는 북한 때문에 울렁증이 생길 지경이다. 핵무기를 뒷배로 악마군단을 부리는 러시아의 공격을 막아낼 수 있을까. 이르핀의 피난민들은 살아남을 수 있을까.

민간시설도 아랑곳없었다. 병원이나 학교까지 폭격하고, 금지된 소이탄까지 사용되는 전쟁의 참상을 보며 세상 어떤 미담을 들이대도 인간이라는 존재에 자부심을 얹기 어려울 것 같다. 무슨 권리로 타인의 삶을, 타인의 목숨을 제물로 삼을 수 있다는 말인가. 전쟁은 죽음의 행진이다. 인간 탐욕의 더러운 배설이다. 석류알처럼 고르게 함께 다독이며 사는 세상은 동화 속에나 있는 허구가 되어야만 하는 것일까. 무기의 전시장이 되고, 실험장이 되어버린 비극의 땅, 우크라이나에 마지막 화염이 꺼지는 순간을 고대하며 비닐봉지에 고인 석류즙을 따른다. 사붉은 음료 한 잔이 지구별이 흘린 피눈물 같다.

이르핀의 다리는 석류 껍질이다. 껍질이 뜯겨나간 석류알은 조금의 억눌림에도 터지고 마는 연약한 생명이다. 찢겨진 껍질 속에서 피 흘리는 저들을 지켜낼 보호막은 과연 무엇일까. 비극의 끝을 사람들은 알면서도 몸을 사리거나 외면하기 일쑤다. 밥 딜런의 노래 '바람만이 아는 대답'이 전파를 타고 있다. 달려가 볼륨을 최대로 올린다. "얼마나 많은 대포알이 날아야 Yes, how many times must the cannon balls fly/ 영원히 포탄이 금지될까 Before they're forever banned."

늙은 도마

열쇠를 찾는데 새 도마가 보였다. 그것은 장독들 사이 가장 안쪽 구석에 처박혀 있었다. 멀끔한 새 도마가 어쩌다 구부러진 송곳 신세인가. 거미줄에 포박된 모습이 걱정으로 얽은 내 마음 같았다. 어머니는 내가 차를 타고 떠나자마자 쓰레기봉투에서 헌 도마를 다시 꺼내왔나 보다.

자식들 집에도, 주간보호센터에도 가지 않겠다는 어머니, 혼자 계시는 것이 가장 편하다는 어머니를 설득할 방법은 없었다. 심지어는 도우미도 집에 들이지 못하게 하니 자식들이 할 수 있는 것은 차례를 정해 돌보는 방법뿐이다. 하나같이 일을 하는 처지라 쉬운 일은 아니다. 그래도 연로하신 어머니의 행복한 표정을 보면서 무엇으로도 바꿀 수 없는 귀한 시간이라 여긴다. 걱정 다 잊어가니 그나마 다행이라 해야 할까. 자식들 얼굴 보는 순간이 어머니의 여생에 그나마 따스한 햇살이 될 수 있으려니 하는 마음으로 다들 열심히 다닌다.

햇빛이 낡은 도마를 하얗게 표백한다. 한 바탕 작업이 끝나고 얼룩덜룩한 색채가 신묘하게 날아가면 도마는 원래의 낯빛을 되찾는다. 배부른 장독 위에 편안하게 누워 일광욕을 즐기는 시간에 온몸에 생긴 생채기는 얼기설기 아물고, 욱신거리던 칼날 흉터 또한 여물어진다. 걱정도 근심도 심지어는 행복조차도 잊고 적요 속에 평온해진다. 그 모습을 보니 미안해진다. 어머니의 만류를 모른 체하고 새것에게 자리를 양보하라고 매몰차게 쓰레기봉투로 밀어 넣었던 것은 내 짧은 소견 때문이었다. 머릿속에 지우개가 자리한 어머니의 삶을 깔끔하고 고급스러운 것으로 채워드리고 싶어 마음이 급했던 탓이었다.

어머니가 문간에 앉아 해바라기를 하신다. 지나가는 시골버스를 보며 승객이 한 명뿐이라고 걱정을 하신다. "기사양반이 어찌 먹고 사나." 나라에서 지원을 해 준다고 해도 그때뿐 버스가 지나갈 때마다 걱정 꽃을 피운다. 시간을 붙잡아매는 신통한 방법은 없다. 어머니가 햇볕을 받으며 바래어 갈 때 어머니의 손때 묻은 늙은 도마도 함께 기억을 지워 가는 것 같다. 좀 더 기억하시라고 이것저것 질문하고, 사진을 보여드리고, 이야기를 들려드려도 올 때마다 어머니는 조금 더 가벼워지고 도마 또한 무게를 잃어간다. 날아가는 기억의 양만큼 삶의 폭은 줄어들고, 수양하는 선인처럼 어머니는 자연에 가까워진다.

  도마를 걷는다. 어머니만큼 가벼워진 도마가 생소하다. 고운 새댁이 물기를 훔치고 닦으며 건사하던 도마도 어머니처럼 나이를 먹었다. 정지가 부엌이 되었다. 어머니가 할머니가 되고, 내가 어머니의 보호자가 되었다. 그 사이 참으로 많은 일이 있었다. 혹독한 세상사가 아직 어머니의 기억 속에 남아있지만 결국 다 잊히게 되겠지. 칼자국이 지나간 흠집 덕분에 도마도 기능을 잃어간다. 우묵하게 패인 중심과 쪼개진 모서리는 아무리 손질하고 말려도 처음처럼 편평해지긴 틀렸다. 얻어맞은 자국만큼 무수한 금들이 자신의 몸에 아로새긴 흉터 같고, 주름살 같고, 무의식에 가라앉은 연서 같아 어머니는 이 도마를 버리지 못하셨나 보다.

어머니의 도마 소리는 행복한 음악이었다. 잘 정돈된 소리, 한 도마를 다 채워 무채를 썰어도 규칙적으로 내 귀를 두드리는 나무도마의 노래는 안온하였다. 내 평생 도마 소리를 들으면 어디서나 그 시절의 어머니가 떠올랐다. 한복을 뜯어 손수 만든 홈드레스를 입은 어머니가 요술처럼 맛난 것을 만드셨지. 두터운 목화솜이불, 따스한 어머니의 손, 발뒤꿈치를 기운 나일론 양말, 김이 피어오르던 세숫물이 도마 연주를 배경음악으로 깔고 영상 속에 차례로 떠올라 몇 십 년 전으로 금세 나를 데려가곤 했다. 오랜 투병 끝에 가장이 쓰러지고, 혼자 자식들을 도맡아 벼랑 끝 삶을 이어가야만 하는 가시밭길이 펼쳐지리라는 것을 꿈에도 몰랐던 시절이었다. 어머니가 편찮으신 뒤로 나는 아침 꿈속에서 어머니의 도마소리를 듣다가 잠을 깨는 일이 잦아졌다.

어머니는 도마를 구해내었다. 깨끗이 씻고 말려 옛날처럼 두드렸다. 어머니 손에 길든 도마는 기꺼이 반응하고 홀로 계신 어머니의 손길을 받아내었다. 자식 넷을 먹이느라 날마다 수고했을 도마에게 어찌 낡았음을 탓할 수 있었을까. 유행 따라 멋진 신형 도마 구경도 하는 날 있었겠지만 자신의 손에 길든 도마 외에 눈 돌리지 않았다. '오랜 세월 동반자로 가족의 건강을 책임져 준 고

마운 동료라. 함께 늙어가는 안쓰러운 친구라.' 사연이 쌓이면 물건도 역사가 되고, 사람의 가슴에 안겨 정인이 되는 것이려니. 차마 버리지 못하는 마음은 동병상련의 정이리라.

 소리도 주인을 닮아가는 것일까. 마늘을 다지느라 또독거리는데 도마가 불규칙한 음향을 낸다. 곱게 으깨지지 못하고 날아가는 마늘 조각을 진정시키느라 일손이 두 배나 든다. 스크래치가 날 때 진정한 가치가 탄생한다던 어느 도마명장의 말처럼 칼날에 베이고 손잡이 머리에 얻어맞으며 살아온 세월이 아득하다. 근육이 삭은 자리에 주름진 세월이 들어앉았다. 식구들의 허기를 달래기 위해 평생을 애쓴 우리 어머니와 나눠가진 보람을 안고, 낡은 도마가 오늘은 내 손아래 분주하다.

 어머니가 손가락으로 가만히 도마를 쓸어본다. 소중하게 닦아 세운다. 벽을 지탱하고 그나마 곧게 선 도마 앞에서 어머니가 양손으로 허리를 받치고 자신의 굽은 허리를 젖혀본다. 늙은 도마에서 어머니의 세월이 걸어 나온다.

An Old Cutting Board

As I was looking for the keys, I spotted a new cutting board. It was stuck in the innermost corner among the potteries. Why did it come to be like some broken tool? The sight of it covered in a spiderweb was just like me entangled in a web of worries. Mother must have taken out the old cutting board from a garbage bag as soon as I have left.

There was no way in which we could persuade my mother, who neither wanted to go to her children's houses, nor wanted to a nursing home. She even refused to have a helper, so the only thing children could do was to take turns visiting and taking care of her. It is no easy task since all of us are working. Nevertheless, we would not trade for anything in the world, looking at the frail old mother's happy smile. Should we think of it as rather fortunate because she forgets all her worries? We go to her often, thinking that our visits might be warm sunshine in her remaining days.

Ray of the sun bleaches the old cutting board. After a round of bleaching miraculously makes uneven spots go away, the cutting board regains its original color. Lying down and bathing in sunlight on a round pottery, wounds on its body heal here and there and smarting scars from kitchen knife close. It becomes calm in silence, oblivious of worries and concerns and even happiness. It makes me feel sorry. It was my shortsightedness that made me ignore her reluctance, heartlessly throwing away the old cutting board into a trash bag and asked her to use the new thing. I was impatient to fill the void in my mother--whose memories are being constantly wiped away--with something neat and luxurious.

She sits on the doorstep like a sunflower. She is worried that there is only one passenger on the bus. She is worried over how the bus driver would make his living. My words on how the bus companies are subsidized by the government are to no avail, and her worries blossom into a flower every time she sees the buses pass by. There are no ingenious ways to stop the flow of time. Her old cutting board also seems to lose its memory as my mother fades under the ray of the sun. Despite my effort to help her remember more by asking her this and that, showing her pictures, telling her stories, she lightens every time I visit her, and her cutting board loses its weight too, just like its owner. Scope of life narrows down as her memories fly away and she becomes ever closer to nature like a hermit in deep meditation.

I bring down the cutting board. Feeling of the cutting board that has become light like my mother is strange to me. A new cutting board, which had been wiped and cleaned by a charming young bride became old like its owner. Site where a well stood became a kitchen. Mother became a grandmother, and I became her guardian. Many things happened in between. Even though the cruel memories remain, they will all be forgotten in the end. The cutting board ceases to function thanks to the wounds left by the kitchen knives. Its sunken center and split corner would not be restored to its original state no matter how many times one tries to mend and dry it. My mother must have been unable to throw it away because numberless lines that are as numerous as the marks made by the blade were like her own scars, furrows, and love letters that had sunken deep in her unconscious.

    Sounds of the board was delightful music. Neat, regular sound that hit my ear-even as it was filled with the sliced radish--was warm and relaxing. All my life, sound of the board made me go back to the old times. My mother, wearing a dress made from hanbok, made delicious dishes as if by magic. Thick cotton blanket, mother's warm hands, nylon socks whose back had been sewn, steaming hot water, all these memories, with sound of the cutting board as background music, took me back to the past more than decades ago. She could never have known then that her husband would collapse after years of illness, that she would have to take care of her children alone, and that she would have a long, thorny path ahead of her. After my mother had become unwell, I often found myself waking up from the sound of her cutting board in my sleep.

My mother rescued the board. She washed and dried the board, then knocked it with her knife as of old. Used to my mother's handling, it responded to her touch readily as she stayed alone. Who can blame the board for being old, when it had worked so hard to feed four children? She never turned her head towards anything other than her own old cutting board even when she looked at the displays of some new, fancy ones at the stores. 'My dear companion who had been there together to ensure the well-being of the family. My dear friend who grows old together. Stories layered onto the objects make them a part of history and become lovers to those who use them. It must be a feeling of sympathy-felt by two beings who share the same hardship-that makes one unable to throw away an old thing.

Does the sound take after its owner? As the garlic gets

shredded, the cutting board makes an uneven sound. It takes twice more effort to stop the uneven slices of garlic from flying all over. Just as what master board maker once said that the object's true values are created as it is being scratched and cut, years that the board had spent cut by blades and beaten numberless times by handles and heads of the kitchen knives. Deep wrinkles sit in the place of muscles that have long been worn out. Proud of having shared the glory of satisfying the hunger of the whole household, this old cutting board is now busy under my hands.

Mother gently sweeps her hands down the cutting board. She wipes it and makes it stand upright. Then, in front of the board that stands more or less upright as it leans against the wall, she stretches her back. Whole lifetime walks out of my mother's old cutting board.

* Written by Song Myung-hwa / Translated by Joe, Sue-Jean
* Sue Jean Joe received her Ph. D in English at Dongguk University in 2019. She teaches at Dankook University, South Korea, and is an executive officer at the Yeats Society of Korea, T. S. Eliot Society of Korea and the Korea East-West Comparative Literature Association of Korea.

홍시

감히 소리 내어 말하고 싶지 않은 낱말이 있다. 그 중의 하나가 '아버지'인데 친정아버지를 너무 일찍 통곡으로 보낸 후 비어버린 마음자리를 그냥 두었다. 내 생각 속에서 사는 아버지까지 떠나버릴까 봐 아버지 이야기는 아예 하지 않으려 하였다. 혼자일 때 "아버지."라고 가만히 말해보면 빈 방에 찬바람 스미듯 소름이 돋는다. 드러내놓지 않아야 추억이라도 온전하게 내 것이 될 것 같은 뿌리 깊은 고독이 내게 최면을 거나 보다. 어쩌다 그 낱말을 꼭 말해야 할 때는 한 음운마다 또박또박 정성을 실어 발음한다.

  젊은 날 우리는 맞벌이를 하는 주말부부였다. 서울과 부산에 떨어져서 토요일만 기다리며 사는 처지였지만 막상 주말이면 나는 시외버스에 몸을 싣고 시댁으로 갔다. 아버님은 투병 중이셨고, 자식들은 멀리 있었다. 키다리 수탉이 무서워 종종거리는 시원찮은 며느리를 아버님은 따뜻하게 보살펴 주셨지만 동구 밖을 지나치는 택시 소리라도 들릴라치면 나는 담장 너머로 길게 목을 뺐다. 다리 곁 감나무 뒤로 잠깐 숨었던 택시는 이내 윗동네로 직행해 버렸다. 돌아서는 내 어깨가 축 처졌다. "얼굴만 보고 내려와도 되는데…." 혼잣말을 하며 철없는 마음을 들킬까 봐 어린 며느리는 얼굴이 붉어졌다.

  일요일 오후, 아버님이 나를 곳간으로 데리고 가셨다. 본채 옆 밭에서 가진 것 다 나눠준 감나무가 맨몸으로 서서 우리를 내려다보았다. 아버님은 오지항아리를 열고 비닐봉지에 마분지를 끼워가며 차곡차곡 홍시를 담으셨다. 허리를 깊이 숙이시는 품을 보니 손이 바닥까지 닿을 듯싶었다. 황급히 받아들이려고 하였지만 앞장서라며 손사레만 치셨다. 급하고 곧던 성정과 예전의 꼿꼿한 모습은 어디로 간 것일까. 동네 들머리 다리에 와서야 홍시봉지를 쥐여 주시고는 내 얼굴을 가만히 들여다보시는 게 아닌가. 초췌한 눈자위 근처에 번진 물얼룩을 어찌 마주 볼 수 있을까. 황급히 시선을 떨어뜨렸더니 아버님의 하얀 고무신에 눈이 시렸다. 차갑고도 서러운 색깔 때문에 코끝이 시큰하였다.

한참을 내려오다 뒤돌아보니 늙은 감나무 아래 아버님이 보였다. 까치밥도 하나 없이 고목은 고행 중이었고, 아버님은 나무둥치를 잡고 기우뚱하게 서서 아직도 나를 보고 계시는 게 아닌가. 몸을 되돌려 뛰기 시작했다. 양팔에 달린 홍시봉지 때문에 뒤뚱거렸다. "다음 주에 올게요. 추운데 빨리 들어가세요." 내 속을 돌아 나오는 낮은 목소리의 울림이 동굴 속 메아리 같았다. 목도리를 풀어 어깨에 둘러드리려 했지만 기어이 내게 다시 감아주셨다. 허공을 걷는 듯 발걸음이 겉돌았다. 암세포와의 싸움으로 지쳐가는 노인의 외로움이 길을 가려 자꾸만 안경이 흐려졌다. 오는 내내 차창에 눈물로 일기를 썼다. 황량한 겨울 들판에 마르고 언 풀줄기가 그날따라 더 서러웠으니.

어제는 모양 좋은 홍시 하나 책상 위에 두었더니 누가 매직으로 장난을 쳤나 보다. 먹물같이 까만 겨울밤, 시골집 불 켜진 창호에 그림자 두 개가 정겹다. 나직나직 살아온 이야기를 들려주는 노인과 졸고 있는 어린 며느리, 함지에서 모양 좋은 홍시를 골라 껍질 벗겨 건네주는 노인의 거친 손등이 보인다. 갈매기 같은 눈과 쪽배 같은 입으로 홍시가 웃는다. 가만히 들여다보니 조곤조곤 밤을 밝히던 그분의 정겨운 음성이 들려온다. 한겨울 찬바람 속에 초췌한 모습으로 떠나는 며느리의 뒷모습을 하염없이 지키던 슬픈 눈길을 본다. 아버님의 상여를 따르던 자식들의 걸음은 얼마나 무거웠던가.

앞뜰을 지나는 바람이 생각을 자른다. 그믐달이 창백하게 내려다본다. 이덕형이 보낸 홍시를 보고 조홍감이 고와 품어가도 반길 이 없어 서럽다던 노계 선생의 시조를 무심히 읊는다. 국어선생님이 일러주신 시인의 마음은 시험을 위한 풀이였었나. 부모 되고 고아 되고 나서야 진정 이해할 수 있게 되는 것이 아닐는지. 세월이 흘러 내가 거두어야 할 이들이 많이 생기면 인생에 더 당당해질 수 있으리라 여겼는데 그럴수록 기댈 언덕이 절실하다. 후회는 늘 지각을 하고, 연민은 그 뒤를 따르는 것일까. 감나무 짙은 그늘을 그러려니 하였는데 나목 아래 서고 보니 그 푸름이 그립다.

세계의 장수마을을 다룬 다큐멘터리를 본다. 텔레비전 화면에

한 노인이 활짝 웃고 있다. 칠순 정도로 보이는 백 살 노인의 정갈한 모습이 인상적이다. 그분이 사는 위구르 지역의 생활 모습과 말하는 투가 우리나라 사람과 무척 닮았다. 책상 위의 홍시를 집어 들었다. 이마에 물결처럼 주름을 그려주었다. 주름진 홍시가 웃고 있다. 위구르 노인과 아버님의 모습이 덧씌워진다.

"남자들도 돌아가신 부모님 생각에 눈물 짓는 일이 있나요?"
"삶과 죽음은 다르지 않아. 다른 집으로 이사 가는 것과 같을 거야."

야속하게 말을 자르고 슬그머니 방으로 들어가 버리는 그의 뒷모습이 작아 보인다. 그도 오늘밤 나처럼 뒤척이게 될까.

이젠 내가 아들아이를 떠나보낸다. 부산역에 가기 위해 지하철을 타면 가는 내내 당부의 말이 줄을 잇는다. 아이와 큰 가방을 기차에 실어 보내고 혼자 대합실로 되돌아 나와야 할 때 '이제 저 애를 보내는구나.' 싶었다. 다 자란 아이는 제 앞길을 찾아 떠나야 하고, 나의 역할은 먼 데서 아들을 지켜보아주는 것이겠지만 기차가 눈앞에 보이지 않을 때까지 그 자리에서 발이 떨어지지 않았다.

나를 보내는 순간부터 아버님은 다음 주말을 기다리지 않으셨을까. 다리 곁 감나무도 죽고, 아버님도 가셨다. 가슴에 휑하니 매운바람이 인다. 생각이 꼬리를 무는데 어디서 들리는 소리일까.

"들어가서 더 자거라."

아, 새색시 적에 조심하느라 새벽같이 일어나 밖으로 나간 나에게 아버님이 우리 방 아궁이에 군불을 때며 하셨던 말씀이다. 입 밖에 내지 않아도 '아버님'이란 낱말은 늘 입술에 맴돌고, 어느새 남편의 눈언저리에 자리 잡은 굵은 주름 사이에서 아버님은 아직도 나를 지켜보신다.

미루나무

홋가이도 비에이에 갔었다. 패치워크 길을 걸어 가까이 갈수록 꼭대기부터 천천히 모습을 드러내던 키가 삼십 미터나 되는 두 그루 미루나무가 인상적이었다. 황금빛 들판과 푸른 하늘을 배경으로 서 있는 '캔과 메리의 나무'였다. 그 관광 명소에서 나는 영천강 둑길에 자리 잡은 우리 동네 미루나무를 떠올렸다. 나를 향해 이파리를 반짝이며 신비한 바람소리를 전해 주던 키다리 나무, 강물과 논밭과 나지막한 집들을 내려다보며 의젓하게 시간을 지키던 그 나무가 더 아름답다는 생각을 했다.

문득 떠오른 그 나무가 궁금해졌다.

  수량이 풍부한 강의 둑방길에 미루나무 한 그루가 있었다. 땡볕 아래 한참을 걸어도 붉은 흙길 이어질 때 저기까지만 가면 쉴 수 있다는 믿음을 주는 너른 가슴이 거기 있었다. 가끔은 그 그늘 아래 더위를 식히는 밀짚모자가 보이고, 하얀 머릿수건이 눈길을 끌었다. 어머니였다. 미루나무 그늘은 어머니가 둥치에 등을 기대고 앉아 지친 몸을 쉬기도 하고, 혼자이고 싶을 때 무연히 시름에 잠기는 쉼터이기도 하였다.

  주말에 집에 온 날은 어머니를 뵈러 밭으로 나갔다. 오랜만에 왔다며 금세 일을 털고 일어서시던 어머니와 미루나무 근처 개울에 발을 담그고 땀을 씻었다. 일요일에 학교로 돌아올 때마다 나를 배웅하는 어머니를 보며 발이 떨어지지 않았다. 어린 동생들과 병든 남편 건사에다 생계를 짊어진 어머니 뒤로 멀리 미루나무가 보였다. 괜찮다고 어서 가라고 흔들던 그 수많은 손들의 격려가 내게는 어머니 마음 같았는데…. 새순 돋고, 낙엽 지며 세월이 참 많이 흘렀다.

  어제 도착해서 집안일을 하고 오늘은 아침 산책에 나섰다. 미루나무를 찾아볼 참이었다. 어머니를 운동시킬 요량으로 부득이

먼 길을 잡는다. 들판에 안개가 자욱하다. 강둑길을 걸어서 엄마는 밭에 다니셨다. 늦둥이 들춰 업고 낫으로 풀을 걷으며 도착한 박토에 땀을 부어 푸성귀를 길러내셨건만 이제는 논과 합쳐진 밭을 어머니는 기억도 못하신다. 많은 것이 사라졌지만 남의 도움 없이 살아야 한다는 신념이 남았다. 요양보호사의 도움도 돌봄 센터 출석도 거절하고 혼자 하실 수 있다며 시골집을 지키신다. 자식들이 두세 시간씩 달려 와 시간을 함께 하니 세상에서 가장 행복한 표정으로 우리를 맞으신다. 한참을 걸어 강둑에 올랐다. 안개가 걷히는데 강둑에는 풀만 무성하다.

미루나무가 사라졌다. 키다리아저씨는 어디로 갔을까. 허전한 공간에 미루나무 한 그루가 갖는 의미는 의외로 크다. 무엇보다도 미루나무가 자리한 풍경구도는 많은 생각을 이끌어낸다. 그것이 되찾아주는 서정에 목마른 나는 인정시립 잔뜩 머금어 남들보다 무른 미루나무가 그립다. 어머니의 머릿속에서 외로운 등대 되어 깜빡이고 있을까 싶어 여쭈었더니 기억이 안 난다고 하신다. 미루나무는 허공을 장악하고 꿋꿋하게 서 있었고, 사람들은 그 나무의 꼭대기에 자주 눈길을 주었었다. 질곡의 세월에 묶여 있던 어머니에게 그는 의연함의 상징이었을 텐데…. 미루나무는 새들에게 집을 허락하여 생명을 보듬어주었다. 네 자식을 키우던 어머니에게 그는 믿음직한 우군이지 않았을까.

미루나무는 잔가지가 많은 나무다. 긴 회초리처럼 기세등등한 가지들이 헝클어진 엄마의 걱정거리처럼 엉켜드는 그 겨울에 엄마는 나를 대학에 보내기로 결심하셨다. 하늘을 찌를 듯 높이 솟은 우듬지의 푸른 꿈을 기억하셨다. 새잎이 움틀 봄을 기대하고, 나에게 멀리 보는 법을 가르치셨다. 광택 있는 잎이 몸을 뒤집을 때마다 갈채처럼 흩어지던 햇빛을 기억하며 나는 엄마의 결심을 평생 고마워하였다. 추위에도 환경오염에도 강한 미루나무의 성정으로 어머니는 자식을 공부시키고 각자 집안을 이루도록 이끄셨다.

우듬지를 드나들던 새들도 떠나고, 사계절을 함께 하던 친구들도 흩어졌다. 미루나무가 갔고, 어머니의 많은 기억이 사라졌다. 그리고 언젠가는 어머니도 떠나실 터이다. 까마귀 한 마리가 머리 위를 맴돌고 멀리 논둑으로 날아간다. 검은 색 때문에 오해를 엄청 받은 녀석이 알고 보면 효조라는데 내게 할 말 있어 찾아왔던가. 한평생 내 가슴에 미루나무로 자리 잡을 어머니 손을 꼭 잡고 옛날 그 자리에 앉았다. 살면서 문제에 부닥치면 직각을 낀

긴 변에 미루나무 한 그루를 세우고 어머니의 마음을 헤아리곤 하였다. 삼각함수가 아니더라도 세월이 흘러도 사라지지 않는 내 마음 속 한 그루 미루나무는 어머니가 아닐까.

  나무가 자란다. 영천강 둑길에서 나를 기다리던 미루나무가 내 안에서 자란다.

로꾸거 로꾸거

　　　　　샤갈의 그림 〈도시 위에서〉를 보다가 서글퍼졌다. 그가 사랑하는 아내 벨라를 안고 비테프스크 하늘을 날고 있다. 따스하고 환상적인 색채를 입은 고향 마을이 그들의 꿈을 받치는 배경이 된다. 만인의 사랑 속에 벨라는 백 년이 넘도록 행복하게 하늘을 날고 있건만 내게 눈인사를 보내던 단발머리 소녀는 며칠 전 추락하고 말았다.

　일요일 아침, 연타하는 초인종 소리에 긴장하였다. "식구들 집에 다 있어요?" 숫제 울상인 반장 아주머니와 함께 앞뜰로 내달

앉다. 노란 금줄 앞에서 경찰이 막아섰다. 출근길에 가끔 보던 한 여자가 머리를 쥐어뜯으며 푹 주저앉았다. 웅성거리던 주민들은 잠시 그녀를 외면했지만 이내 잔디밭에 덮인 하얀 천을 기웃거렸다. 경찰관이 주민들에게 손을 저었다. 하릴없이 집으로 돌아왔지만, 마음은 창밖을 떠돌았다. 지옥을 본 게 아닌가. 진정해보려고 뒤창을 열었다. 봄꽃이 만발한 공원에는 사람들이 한가롭게 휴일을 즐기고 있었다. 갑자기 냉기가 온몸을 훑었다. 열린 앞창과 뒤창으로 바람이 흐르고 있었다. 거실 한가운데 서서 이쪽저쪽을 번갈아 보았다. 지옥과 천국, 그 가운데에 가공할 높이로 아파트가 버티고 있구나!

  옥상 바닥은 민낯이었다. 예전에는 느끼지 못했건만 오늘 보니 회색은 참으로 무심한 색이 아닌가. 지저분한 물때 자국이 칙칙한 얼룩을 그린 시멘트 바닥은 누구에게나 표정이 없다. 작은 벤치라도, 화분 몇 개라도 있었다면 그 애가 잠시 머무르며 생각을 가다듬을 수도 있지 않았을까. 몰려드는 햇빛에 잠시 눈을 감는다. 덤벼드는 현기증을 살아있음의 증거라 기꺼워해야 할까. 소녀가 서 있었던 자리는 어디쯤일까. 옥상 문을 여는 소녀의 손이 떨린다. 덜컹 문이 열리고 휑한 바람 한 줄기가 음모를 숨긴다.

파르스름한 정맥이 비치는 하얀 손이 도어를 꼭 잠근다. 황량한 공간 한가운데서 소녀도 어지러워 이마를 짚었을까. 집으로 내려가는 층계 쪽을 잠시 돌아보았겠지. 그리고 휘청 몸을 날린다. 그랬을까.

공원에는 오늘도 그날처럼 삶의 노래가 한창이다. 사람들이 느긋하게 산책을 한다. 자전거 바퀴가 경쾌하게 구르고 아이들 웃음소리가 공중을 난다. 찬란한 햇빛 아래 하천이 흐르고 청둥오리 가족들이 깃털을 다듬는다. 대나무 숲이 내는 휘파람 소리 위에 수양버들이 멋들어진 춤사위를 자랑한다. 멀리서 보아도 운동기구를 타는 사람들의 동작은 힘이 넘친다. 애견들이 뛰놀고 물고기가 첨벙거리는 물가에는 휴식과 낭만이, 여유와 시상이 휴일을 온전하게 즐기고 있다. 또 다른 세상이다.

고층아파트의 옥상에 서면 마음이 이상해진다. 내가 왜 여기 있지 하는 의문이 드는데 아마도 시골 출신이라 그런 것 같다. 내가 대학 다닐 때만 해도 풍광이 그리 아름답던 해운대는 이제 마천루의 전시장이 되었다. 해변을 가려버린 고층 건물들 때문에 그 멋진 바다를 그들만 향유한다. 건물들 사이에 서면 고개를 들어야 하늘이 보인다. 목 죄인 것처럼 조각난 하늘 때문에 가슴이 답답해진다. 고층은 아무래도 불안과 통하지 싶다. 경쟁에서 이긴 사람만이 갈 수 있는 곳, 가서도 군중 속의 빈곤이, 대중 속의 열등을 늘 체크하게 되는 삶이 기다리는 곳이라 정의하면 사람들은 너무 나갔다고 할까. 내가 내 세상의 주인이 되는 길은 그게 아니라는 생각을 한다. 소녀는 아직은 보살핌이 필요한 꽃봉오리였고, 너무 많은 짐을 지기엔 힘이 딸리는 미성년이었다. 어울려 사는 세상, 허리를 붙잡아줄 누군가가 있었다면 소녀가 홀로 옥상을 찾지는 않았으련만.

키 큰 벚나무들이 보초를 서지만 소녀가 누웠던 자리엔 묵힌 침묵만 무겁기 그지없다. 그곳을 덮었던 하얀 천을 기억에서 치우는 데는 오랜 시일이 걸릴 듯하다. 그 애의 아픔은 무엇이었을까. 대학입시라는 종착역만 보고 쉼 없이 달려야 하는 힘든 생활 때문이었는지, 일등만 가치를 지닌 것이라 종용하는 어른들 때문인지, 옥죄던 친구들의 험한 눈빛 때문이었는지, 아니면 보상받을 수 없는 마음의 그림자 때문이었는지 궁금하다. 이웃들은 모두 입을 닫았다. 소녀의 이야기는 아는 체 해서는 안 되는 금기가 되었다. 날마다 해는 뜨고 밤은 내린다. 그 애 엄마의 창백한 얼굴을 덮어가는 기미를 보는 날은 마음이 무지근하다.

다시 뒤뜰 너머 공원을 본다. 샤갈이 그린 꿈의 세계에서 보던 아름다운 마을이다. 소녀가 이 세계를 선택해 주었더라면 얼마나 좋았을까. 경쟁과 아우성만 가득한 인공의 그늘에서 소녀가 볼 수 있었던 건 건물 사이에 끼어 낑낑대는 손바닥만 한 하늘이었을 게다. 아름다운 자연의 향연이 소녀의 마음에서 그늘을 벗겨 내 줄 수도 있었으련만. "얘야, 살아있으되 산목숨이 아닌 사람, 삶이 가혹한 숙제가 되어버린 사람은 어쩌면 좋겠니. 너와 가끔 인사를 나눈 나조차 지금 오월의 행복한 공원을 내려다보는 것이 미안하구나." 안쓰러운 내 독백이 그 애에게 닿을까.

"로꾸거 로꾸거 말해 말", "자꾸만 꿈만 꾸자" 그 애가 좋아했을 법한 아이돌의 히트곡처럼 세상만사 정답은 없는 것이건만 그 애의 선택은 직진이었다. 질러대는 노래가사에 숨은 깊은 뜻을 알아챘더라면 결말은 달라질 수 있지 않았을까. 둔한 이들의 막힌 귀가 뚫리고, 미욱한 어른들의 어두운 눈이 밝아질 수 있도록 아우성을 쳤더라면 어른들은 그 애의 허리를 꽉 잡아줄 수 있었을 텐데. 소녀가 삶에 쫓겨 선택한 세상은 모호한 미지의 세상이었다. 하지만 그 애가 원하던 세상은 뒤뜰 너머 밝음의 세상, 샤갈이 표현한 사랑으로 가득 찬 세상이 아니었을까.

'살자'로 거꾸로 읽어내었다면 얼마나 좋았을까. 소녀에게 날개를 달아주고 싶다. 날개만 있다면 높이 날아올라 이 견고한 마천루의 옥상을 넘어서 천국으로 들어갈 수 있을 것만 같다.

반와泮蛙

사다리 위의 노학자라. 19세기 독일의 화가 칼 슈피츠버그가 그린 장르화 '책벌레'에는 책에 굉장한 취미를 가진 분이 나온다. 공간의 벽을 키다리 책장으로 빼곡히 채운 서재에서 높은 사다리 위에 올라서서 책을 고르고 있는 백발의 뚱뚱한 남성이 몰입의 정석을 보여준다. 오른손이 펼친 책을 잡고 있는데, 정작 그가 읽고 있는 것은 왼손이 잡고 있는 책이다. 겨드랑이에도, 무릎 사이에도 책을 끼우고 목하 열독 중이신가.

책벌레 이야기에 이덕무가 빠질 수 있으랴. 규장각의 검서관이던 그는 〈간서치전〉에서 "목멱산 아래 치인痴人이 있다"고 자신을 표현하였다. 간서치看書痴, '책만 보는 바보'가 무슨 바보일까. 한 단계 넘어선 유머에 마음이 씻긴다. '책이 없다면 내 삶은 앞 못 보는 소경과 같고, 듣지 못하는 귀머거리와 같아 하루를 견디지 못하고 미쳐버릴 것'이라고 그는 『이목구심서』에 적었다. 글을 읽다가 깨달음이 찾아오면 일어나 왔다갔다하며 소리를 질렀다는 그를 상상하면 고개가 끄덕여진다. 동지가 앞에 있다면 하이파이브라도 얼얼하게 하고 싶은 그 기분, 알 것 같지 않은가.

써내는 글마다 졸작이긴 해도 작가로 이름 단 지 스무 해가 훌쩍 넘었다. 책으로 내 집도 만만치 않게 붐빈다. 방 셋의 벽이 책장 차지고, 책장과 천장 사이도 책이 입주한 지 오래다. 책 한 권에 저자의 시간과 고뇌가 얼마쯤 들어있는지 알기에 나는 그들의 권리장전을 받아들일 수밖에 없다. 어느 날은 균형을 잡지 못해 쓰러지는 책 탑을 급히 잡다가 팔에 쥐가 나기도 하였다. 글쓰기에 좌절하여 삶의 방향을 틀겠다고 고민하다가도 내가 펜을 고수하는 것처럼, 책의 주인이자 집사라는 역할도 놓지 못하고 있다. 누군가에게 듣는 "책 좀 버려."라는 말은 다툼의 빌미가 되기도 하는데 그럴 때마다 온갖 역량을 동원하여 방벽을 친다.

책벌레에게 굴복한 흑역사가 어찌 없을까. 취직 첫 달부터 월부를 몇 년이나 부어 산 문학전집은 먼지다듬이가 생길 지경이 되어 재활용차에 실어 보낼 수밖에 없었다. 깨알 같은 글자가 세로쓰기로 되어 있어 이제 읽기도 어렵게 되었지만 습기 관리를 못해 준 안타까움에 몇 번에 나누어 겨우 떠나보냈다. 붉은 기운이 도는 힘이 빠진 책장을 넘기며 종이먼지를 확인할 때 집사로서 입은 내상은 얼마나 깊었던가. "진짜 책벌레에게 먹혀버린 귀한 내 벗이여." 버리고 돌아오는 길에 구조조정에 걸린 중간관리자처럼 마음이 황량해져서 나도 모르게 조사를 읊었으니. 내 손길과 눈길 그리고 마음결에 따라 자신의 영역에 나를 허락하는 책은 생물 같다. 그림 속 노학자처럼 책을 고르고 읽는 호호할멈을 상상하며 책장을 둘러본다.

특별한 녀석 하나가 나를 건네다 본다. 아직 읽지 못한 책들의 집이다. 세울 곳 없다고 손사래를 치는데도 온라인 오프라인으로 또 서점을 찾는다. 이사 가는 집에서 재활용품 수집소에 책을 묶어 내놓으면 찬찬히 골라서 횡재를 하기도 하고, 보수동 헌책방 골목에서 다리품도 팔기도 한다. 가끔 유쾌한 경험을 한다. 내 책장에서 쌍둥이를 만나거나, 내 머리에 주민등록을 하지 않은 참신한 녀석을 만나면 며칠 동안 뿌듯하지 않던가. e북에 오디오북까지 책 세상이 변하고, 휴대폰을 이용한 글쓰기와 읽기가 유행이지만 종이책에는 세월을 함께 하는 물건 이상의 의미를 두고 싶다. 매인 일을 놓고 난 뒤에는 미답의 신천지를 밟을 시간이 차고 넘치지 않을까. 어쨌거나 여분의 책은 나누면 되고, 몰랐던 책은 읽으면 행복하다. 혼자 읽기 아까워 선물로 나눈 책도 제법 된다.

정민 교수가 이덕무의 청언 소품을 정리한 『한서 이불, 논어 병풍』도 그런 책이다. 궁핍한 선비는 입김이 성애가 되어 이불깃이 와삭대는 겨울 밤, 한서漢書 한 질을 비늘처럼 이불 위에 눌러 놓고 책 속 영웅호걸들의 서사를 되새기며 된추위를 이겨낸다. 누추한 초가 흙벽으로 스며드는 웃바람을 논어論語 병풍이 막고 섰다. 풀 먹인 문풍지가 '학이시습지 불역열호學而時習之 不亦說乎' 같은 공자님 말씀을 밤새 읊어대는데 그는 어찌 잠들 수 있었을까. 그때 나는 매주 가톨릭 평화방송에서 독서코너를 진행하고 있었는데 이 책을 소개한 날, 그에 대한 오마주를 표하고자 결심했다. 지식이 머릿속으로 스며들라고 책을 베고 자던 사춘기 때처럼 그날 밤, 내 이불 좌우로 양장본을 줄느런히 세워 놓고 책에 포위된 채 흐뭇하게 잤다.

 누군가 날더러 책벌레나 간서치라 조롱한다면 반갑지 않을까. 슈피츠버그의 책벌레 옹과 청장관 이덕무 할아버지를 꿈에서 만나 통성명을 한다면 나를 '반와泮蛙'라 불러 주십사 부탁 한 번 드려볼 참이다. 그분들은 황새, 나는 뱁새 격이지만 '성균관 개구리'라는 이름은 통째로 갖고 싶다. 내 소박한 책방을 셋의 웃음소리로 채운다면 해가 중천에 떠도 깨고 싶지 않겠다. 함께 입을 모아 나에게 말씀하시겠지. "봐 놔." 이제 식구는 둘뿐인데 책이 많아 아파트 평수를 줄여가기도 틀렸다. 언젠가 나도 사다리 쓰는 서재가 갖고 싶다.

마인츠하우스의 파란 조약돌

마인츠하우스에는 파란 보석을 빚는 여자가 산다. 사파이어보다 토파즈보다 영롱한 추억이 깃든 파란 조약돌들이 이 집의 중앙에서 파수를 본다. 침정의 효과로 생기를 부여하는 파란 돌 구슬이 날마다 자드락자드락 호흡을 한다. 하늘과 바다가 파랗게 반짝이는 날에 집주인과 또다시 차를 나누고 싶다. 동그란 바다가 보이는 독일마을에서 그분은 오늘도 파란 조약돌을 빚고 있을까.

독일아리랑의 주인공이라. 운이 좋았다. 여행의 첫 번째 묘미는 타인의 삶을 들여다보는 것이라 싶은데 독일마을에서 파독간호사의 집에 초대되었던 것이다. 남해에 올 때마다 까페나 경치 구경에 그쳤던 것이 내내 아쉽지 않았던가. 곁에서 보면 아름답기 그지없으나 역사를 톺아보면 가슴 아픈 삶의 이야기들이 응어리져 있을 법한 주황색 박공집의 내면이 내내 궁금하던 차였다. 계단을 오르니 우렁우렁한 목소리가 우리를 반겼다. 은발이 멋진 팔순의 할머니가 환하게 웃고 계셨다. 세월에 씻긴 편안한 공간, 소파에 둘러앉으니 색다른 장식품이 눈길을 끌었다.

파란 조약돌들이었다. 커다란 둥근 쟁반에 소복하게 담겨 소파테이블 한가운데를 차지하고 있었다. 점잖은 실내장식에 비해 너무 화려한 빛깔이라 의아했고, 작은 돌들이니 귀한 것이라 보기도 어려웠다. 마인츠에서, 스페인에서, 중국에서, 경남 거제에서…. 설명해주는 그분의 말끝에 그리움이 매달렸다. 귀를 기울이다 문득 윤동주의 시가 떠올랐다. 고향을 그리며 별마다 구원의 이미지를 얹던 고독한 시인처럼 그분이 조약돌에 부여하는 의미는 무엇일까. 아름다웠던 순간에 느낀 기쁨과 고비에서 흘린 땀방울, 고난을 이겨낼 때 흘린 눈물이 응축된다면 저런 모습이지 싶어 숙연해졌다.

왜 유독 파란 색일까. 파랑은 바다의 색이다. 그분에겐 고향의 색이며 그리움의 심연에 가라앉은 무의식의 바탕색이지 않을까. 난생 처음 타 본 비행기 창으로 내려다 본 고국의 바다는 기억 속에 꽁꽁 숨어서도 타국에서 사는 내내 파란 숨을 쉬었으리라. 휴일에는 라인 강에 나가 하늘을 보았겠지. 파랑은 하늘의 색이기도 하다. 맑은 하늘에 길게 흰 자국을 남기고 날아간 비행기를 오래오래 눈으로 좇기도 했을까. 그 끝에 두고 온 부모님과 형제를 가만히 불러보기도 했으리라. 그분이 파란 돌에 새긴 것은 그리움인 것 같다. 어쨌거나 낭만과 희망의 색상이 이 집에 중심을 잡고 있어 다행이지 뭔가. 내 상상의 가지를 자르고 그분이 곡절 많던 삶을 풀어놓았다.

김우자 여사는 60년대 말에 독일로 파견되어 서부 내륙지방 마인츠에서 간호사의 삶을 살았다. 독일인 남편과 가정을 꾸렸고, 2004년 남해 삼동면에 독일마을이 조성되자 귀국하여 정착하였다. "40년을 당신이 내 나라 독일에서 살아주었으니, 은퇴 후 남은 생은 당신의 나라에 가서 살자."던 남편은 평생 든든한 지원군이었다. 아무리 사랑꾼이라 해도 쉬운 일이 아니지 않았을까. 안정된 생활 터전과 가족 친지를 떠나 비행기를 타고도 꼬박

하루가 걸리는 동양의 작은 섬으로 과감하게 남편은 이사를 단행하였다. 아내의 짐을 이젠 자신이 지리라고 결심한 남편에게 아내 또한 극진하였다.

독일에서 건자재를 가지고 와서 독일풍으로 집을 지었다. 남편이 힘들어질 것을 짐작하였을까. 가구며 집기, 장식품들까지도 쓰던 것을 몽땅 가지고 왔다. 최대한 살던 곳과 같은 분위기를 만들어 남편의 외로움을 덜어주려는 포석이었다고 한다. '마인츠하우스'라 문패를 달았다. 하긴 반평생을 살았으니 그분에게도 마인츠는 고향마을이라 할 만하다. 액자 하나, 시계 하나, 자수 하나에도 추억이 서려있어 혼자라도 하루가 고적하지만은 않을 곳, 독일과 한국의 향수를 함께 다스릴 보금자리를 만들었다. 이삿짐 속에 고이 모셔 온 파란 조약돌들도 눈에 가장 잘 보이는 곳에 자리를 잡았다. 그리고 세를 불려나갔다.

파란 돌을 오랜 세월 동안 하나씩 모으는 것은 쉬운 일이 아니다. 돌 하나에 사랑과 돌 하나에 그리움, 돌 하나에 낭만과 돌 하나에 바람…. 손길 닿은 작은 것 하나도 소중히 여기는 여인의 마음이 파란 정기를 머금었다. 한 여자가 한 남자를 진실로 기억한다는 것은 온 세상, 온 우주를 보듬는 것이지 않을까. 그녀의 돌에는 그녀만의 작은 우주가 담겨 있다. 가만가만 돌을 닦으며 연전에 세상 떠난 남편의 다정한 목소리도 들으셨을까. 나는 고개를 숙이고 파란 조약돌 하나를 열심히 문질렀다. 단단하다. 이런 정도의 결심이 아니고서야 생의 파란을 어찌 견디랴. 푸른 멍빛깔 상처로 딱딱하게 굳어갈 뻔한 돌들, 그것을 저리 환한 파란빛으로 바꾸어가는 것이 그분의 선택이었다.

'코리아 엔젤'이 그분들에게 주어진 찬사였다. 독일인들은 파독간호사들의 헌신에 감사했지만 인종적인 다름을 인정하기까지 바라는 것은 어려운 일이었나 보다. 생김새 하나로 차별을 받는 상황은 누구도 피할 수 없었다고 한다. 가난한 나라의 산업역군으로 해외에서 지낸 시간은 과거로 흘러갔지만 아픈 기억은 아직도 진행형일까. 질문을 했지만 간호사로서 겪은 업무상의 어려움은 그대로 묻고자 하셨다. 죄송하여 마음에 아릿한 파장이 일었다. 행복한 생각만 하고 살아도 짧은 시간이다. 좋은 추억만 되새기려는 지혜라 생각하면서도 그 아픔의 깊이를 느끼게 됨은 기우일까. 보람과 긍정으로 조약돌은 저리 빛난다.

이곳이 그분에게는 그리움의 시원일까, 아니면 종착역일까. 고국에 돌아왔으나 반평생을 지낸 마인츠에 대한 향수가 남아있다.

친구분이 손수 커피를 내려 권하셨다. 매일 들러 이것저것 돌봐주는 분이시다. 커피향이 실내를 감쌌다. 그분이 "이번에 독일 가려고 비행기 표를 끊었는데 코로나 때문에 무산되고 말았어요."라며 벽에 걸린 사진으로 눈을 돌리셨다. 눈가에 설핏 물빛이 어렸다. 갑자기 친구분이 호주머니에서 여권을 꺼내며 우리에게 너스레를 떨었다. "나는 이곳에 올 때마다 독일에 오는 기분으로 이걸 챙겨요." 그분도 우리와 함께 웃었다. 돌아오는 시간, 그분에게 평생을 옆에 있어줄 좋은 이웃이 있어 마음이 놓였다.

　기념사진을 보는 중이다. 인디가수 태비의 통통 튀는 가락이 귀에 꽂힌다. "이번 여름 지나기 전에 바다 보러 가자. 거기 파란색이 보이니까." 파란 조약돌들이 돌탑이 되어 일어선다. 모든 것을 조건 없이 안아 주는 바다가 원색으로 반짝이는 시간에 물결을 대면하고 이야기를 나누고 싶다. 삶의 맛을 아는 인생선배가 부르는 독일아리랑을 다시 듣고 싶다. 파란 돌이 빛나는 마인츠하우스로 가야겠다.

Part 3

쿰바야 로즈

개구리 소리

사라져간다는 말에는 어렴풋한 안타까움이 스며 있다. 우리소리박물관의 전시실에서 개구리 소리를 들은 적이 있다. 수련과 개구리가 있는 연못을 화면에 띄운 키오스크 앞에서 오래 머물렀다. 이제는 보존해야할 무형의 유산이 되었단 말인가. 어릴 적 시골에서 시끄럽게 듣던 개구리 소리를 사람들은 제때 찾아 나서야만 들을 수 있게 되었다. 소리란 공중에 흩어지는 것이니 녹음하여 보존하는 것이 맞겠지만 소리가 담고 있는 추억과 정서와 향수는 어떻게 해야 할까. 보존해야 할 것은 소리만일까.

  달빛이 부서진다. 갓 모내기를 한 논에 담긴 물이 바람에 찰랑거린다. 논둑에 앉아 논물을 들여다본다. 빗물 젖은 벼 포기가 생생하게 깨어있다. 보이지 않으나 개구리들이 떼로 모여 노는 모양이다. 논 옆으로 제법 모양을 갖춘 도랑이 흐르고 그 옆에 이제는 밭으로 변한 땅에 제재소가 자리 잡고 있었다. 그 곳에서 가마솥에 물을 데워 목욕 솥으로 쓴 기억이 있고, 이모를 따라가서 동네 언니들과 귀신놀이를 하며 놀았던 추억이 어렴풋하다. 나무 적재소 뒤꼍에 서 있는 늙은 감나무도 나와 같은 청중이 되어 개구리의 음악회를 즐긴다. 어둠 때문인지 만물도 생각도 살아 움직이는 느낌이다.

  선창은 매번 단호하고 높았다. 와르르르 가르르르 쏟아지는 코러스가 동네를 감싸고 밤하늘로 퍼져나갔다. 무리지능 덕분에 개구리 소리는 꽉 찬 느낌을 준다. 선생님이 돌림노래를 여러 번 반복해서 시킬 때처럼 옆의 개구리가 소리를 낼 때 소리를 내지 않고, 소리를 내지 않을 때 소리를 내는 식으로 전체 코러스를 완성한다. 암컷을 부르는 수컷의 세레나데이니 어울려 부르더라도 자신의 소리를 따로 들려주고 싶은 마음이야 미물이라 한들 다르지 않을 것 같다. 열심이다. 어울림과 구별됨이 조화를 이루니 더욱 점수를 주고 싶다. 이슬비가 그쳤다. "깩깨글깩깩 깨그 깨그깨그 거걸거걸거걸 개개개 개글개글 개객개객….'' 무성음과 유성음이 얽혀 쏟아지는 수다에 함께 즐거워진다. 개구리의 합창 속에서 많은 이야기를 불러낸다.

개구리 소리에서 아이들의 재잘거림을 듣는다. 초등학교로 가는 등굣길 양쪽에 문방구가 둘 있었다. 등하교 때마다 학교 앞 문방구에서 주인을 불러대던 아이들의 목소리는 들떠 있었다. 물건을 고르고 셈을 치르는 동안에도 친구들과 재잘대거나 문방구 주인에게 학교에서 있었던 일을 고자질하느라 여념이 없던 귀염둥이들의 목소리는 에너지를 꽉 채운 발동기 같았다. 내 막내여동생의 가방을 대신 들고 다니던 방앗간 집 쌍둥이와 뒷집 아이들의 웃음소리는 공중을 날았고, 먼 동네에서 걸어온 아이들이 인사를 나누느라 분주하던 등굣길과 하굣길은 북적거렸다. 조용해진 늦은 오후에도 아이들의 생기가 남아 있어 동네는 외롭지 않았다.

청개구리들의 노래는 시작과 끝이 분명하다. 높고 맑게 뻗쳐나가는 선창으로 도입부를 시작한다. 매일 밤 연습이 쌓일 때마다 합창은 한층 세련되어진다. 와르르 쏟아지는 함성 속에 선생님의 호루라기 소리가 들리는 듯하다. 중고 시절, 반 대항 합창대회 연습을 하느라고 늦게까지 학교에서 노래할 때 가장 열성인 사람은 반마다 선생님이셨다. 떼창을 마무리하는 생물은 맹꽁이다. 환경부에 의해 멸종위기야생동물로 지정된 녀석은 낡아서 공이 조금 우그러진 호루라기처럼 두껍고 쉰 소리를 낸다. 선생님의 호루라기 소리 하나로 시작과 끝이 정해지고, 통솔과 배려가 구분되었다. 앞에서 고군분투하신 선생님이 고마워 그 시절 아이들은 졸업식장에서 개구리처럼 울었다. 선생님의 호루라기가 가장 빛을 발하는 날은 따로 있었다.

바로 해마다 추석 전날에 열리는 운동회 때였다. 이웃 동네에 흩어져 있는 학부모들과 귀향한 졸업생들, 학교와 관계없는 주민들까지도 모여들었다. 축제였다. 운동장 한쪽에 설치된 천막에서는 부녀회 회원들이 바쁘게 국밥을 끓여냈다. 졸업생들의 릴레이가 추억을 소환하는 사이, 동네 대항 줄다리기를 하기 위해 장정들과 여인네들, 처녀와 총각들이 운동장 가운데서 자리를 잡는다. 세차게 깃발을 흔드는 청백 책임교사의 신호에 맞춰 영차 영차 구령을 맞추며 줄을 당긴다. 드디어 신호총이 울리고 쏟아져

나오던 함성과 탄식들…. 가만히 듣다 보면 개구리의 합창에서 어른들의 함성이 걸어나온다. 학교를 매개로 하나의 공동체가 되어 살아가던 그 어른들은 지금 어디로 갔을까.

이제는 주변 초등학교 세 개가 통폐합되어 이곳으로 모였다. 전교생이 마흔 여섯인데 저학년은 세 명씩이라고 한다. 동생들의 모교인 이 학교에 들러 아이들이 기르는 가축이나 식물들, 동상들을 살피는 것은 지금도 나의 즐거움이지만 산책할 때 아이들을 본 적은 드물다. 스쿨버스로 주변 마을의 학생들을 모아서 등하교시키는 형편이니 학교 앞 문방구는 잊힌 과거가 되어버렸다. 주변 동네들 중에서는 교통중심지였고, 오일장이 열렸으며, 초중고가 있던 마을이었지만 이제 젊은이를 찾기 어려워졌다. 동네의 반 정도가 빈집인 형편이고, 그나마 거주하고 있는 분들도 노인이 대부분이니. 동네사람들은 이 학교조차도 어찌될까 애면글면 한다.

요즘 들어 시골에 올 때마다 개구리 소리를 들을 수 있기를 기대하고 설렌다. 혹여 그들의 음악회가 끝났다고 해도 아쉬워할 일이 아님을 안다. 아무쪼록 녀석들의 바람이 잘 이루어지고, 새로운 생명들이 논마다 꼬물거리게 될 때 그땐 또 얼마나 미쁠 것인가. 격세지감이 느껴질 정도로 세상의 풍경이 많이 바뀌었다. 어디서나 아기를 보면 사람들의 눈길이 모여든다. 예전처럼 다가가 쓰다듬고 말 건네지는 못하지만 정이 가득한 눈빛으로 대견해한다. 어른들의 가슴마다 휑한 허전함이 숨어있다. 아무리 동네를 정비해도 아이들의 부산한 기운이 결핍된 동네는 풀죽은 광목이불 같다. 아련한 추억이 되어가는 젊은 날의 기운 넘치던 동네에 방송을 하는 이장님의 목청조차 예전 같지 않다. 아기 울음소리, 아이들 노는 소리, 청장년들 일하는 소리, 노인들 너털웃음 소리가 담 넘어 넘실대던 옛날이 대한뉴우스처럼 그립다. 사람이 그립다.

 개구리 소리는 공동체의 기록이다. 낮에도 고적하던 동네가 개구리 합창을 자장가 삼아 잠이 들었다. 어르신들이 녀석들 덕분에 꿈결에도 다채로운 음향으로 호사를 한다. 잊힌 영광이 그리워 성산, 죽곡, 정자리, 인담, 석계리, 두문리 사람들이 다 모여 운동회를 한다. 무논 가득 아이들의 웃음이 와그르르 쏟아진다. 빳빳이 살아나는 기상이 옛날처럼 동네를 감싼다. 개구리가 다시 울음주머니에 힘을 준다.

쿰바야 로즈

　　조안 바에즈의 목소리로 흑인영가 '쿰바야'를 듣는다. 창원의 가음정 장미공원에서 처음 만난 쿰바야 로즈 덕분이다. 쿰바야 로즈 가든에 서면 낯설고도 숫저운 수많은 얼굴들이 나를 향해 "컴 바이 히어"를 외치는 듯하여 발길을 멈추고 정성스레 들여다본다.
　　역시 'Kumbaya'는 서부 아프리카의 악기인 잼배의 둥둥 소리가 들려야 제맛이다. 영혼을 울리는 듯한 강한 베이스가 받쳐진 노래를 듣다보면 나도 모르게 언젠가 본 흑인들의 축제에서처럼 발로 땅을 두드리며 어깨를 실룩이게 된다. 아프리카에서 멀고 먼 미국 사우스캐롤라이나와 조지아 섬에 노예로 끌려온 그들은 누구보다 메시아가 필요한 사람들이 아니겠는가. 주인님을 모시고 교회에 갔으나 예배의 자리는 허락되지 않았다. 교회에 들어가지 못하였으나 창밖에서 주님을 찬양하는 노래를 불렀다고 한다.

쿰바야 로즈 가든에 그들의 우렁찬 목소리가 들리는 듯하다. 음울하면서도 힘찬 확신으로 신을 부르는 목소리, "우는 자에게 오소서. 노래하는 자에게 오소서. 기도하는 자에게 오소서. 자는 이에게 오소서…." 신이 그들의 목소리를 들었다면, 그분은 교회 안의 빛나는 제단이 아니라 교회당 창밖 노예들의 곁에 눈길을 두셨으리라. 밀림을 헤치고 초원을 달리며 대자연 속에서 자연처럼 살아가던 순수하고 욕심 없던 사람들이 쇠사슬에 묶여 배에 실리고, 삶과 죽음의 경계를 넘으며 끌려온 낯선 땅, 노예들의 아픔이 가수의 목소리에서 넘실거린다. 내가 좋아하는 가수 서유석의 진성과 가성이 넘나드는 '쿰바야' 또한 맑은 신성을 체험하게 하는 힘을 가졌다. 꺼끌대며 토해내는 갈구하는 목소리 속에 아픔과 저항, 기원의 성스러움까지 함께 어우러지기 때문이다.

이 꽃을 처음 보았을 때 의아했다. 내가 알고 있던 장미꽃이 가지는 극강의 아름다움, 꽃잎이 겹겹으로 겹쳐진 곳에 생기는 음영에서 비롯되는 신비함을 찾을 수 없었기 때문이다. 찔레꽃과 더 가깝다고나 할까. 한 줄기에 열 송이 정도의 작은 홑꽃이 피는 데 푸른 잎이 보이지 않을 정도로 만개해 있다. 찔레나무가 장미과 식물이니 쿰바야 로즈가 장미공원에 어울리지 않는다는 내 생각이 잘못되었음을 나중에야 알았다. 겹겹이라는 장미꽃 형상에 대한 나의 고정관념이 문제였던 것을 왜 몰랐을까. 백인 세상에 뿌리를 내려야 했던 흑인들처럼 쿰바야 로즈는 나의 괜한 억측 하에서도 나도 장미라고 당당히 외치는 듯하다.

쿰바야 로즈는 프랑스 메이앙이 2000년에 선보인 꽃이다. 국제 장미콩쿠르에서 금메달을 수상한 역작이다. 사실 영문 이름은 Cumbaya이다. 왜 k가 아니고 c일까. 여기저기 찾아보다가 터키어 사전에서 cumba를 찾았다. 테라스, 노대, 발코니를 뜻한단다. 플라워 박스에 모아 심어 베란다를 장식하기에 좋다고 육성 원예인이 Cumbaya로 명명하였으리라 짐작해 본다. Kumbaya가 'Come by here'에서 유래했다는 것도 문서에 새겨진 사실은 아니다. 다만 k나 c나 우리말 초성 발음으로는 같은 소리를 내는 것이니 무리가 없다는 쪽에 힘을 실어볼 따름이다. 허나 무슨 상관인가. 한데 어울려 신을 부를 수 있는 그것만으로도 위안이 되었을 노예들, 그들의 삶을 실은 이름 하나로도 나를 사로잡은 것을. 게다가 신을 부르려면 발코니에 나가서 하늘을 보며 부르는 게 더 어울릴 것 같지 않은가.

중심이 하얀 분홍색 꽃잎 다섯 장이 앙증맞다. 꽃잎 바깥에서 안쪽으로 갈수록 그라데이션은 옅어지고 하얀 중심 부분에 노란 암술과 수많은 수술들이 돋보인다. 크기에 비해 꽃술의 수가 많은 것은 아메리카라는 새로운 땅에서 살아남아 패밀리를 번성시켜 나가고자 하는 노예들의 기원을 상징한다고 의미를 두어 본다. 꽃들이 푸짐하게 이어서 피지만 꽃 하나하나의 수명은 긴 편이 아니라고 하니 그것조차 노예들의 거친 삶 같아 마음이 짠하다. 어려움을 딛고 돌담이나 언덕진 곳을 꽃으로 뒤덮는 쿰바야 로즈의 분홍빛 세상 만들기는 진행 중이다. 보잘것없는 향 수치로 장미 족보에서 숨죽이고 있는 존재지만 쿰바야 로즈의 향은 내게 있어 어떤 향수보다 특별하다. 있어야 할 것, 알아야 할 것을 각성하게 하는 향은 평생 따로 느낀 적이 없었던 것 같다.

올해는 아흔여덟 종의 장미가 피었다. 미스터 링컨, 사하라, 블

루라이트, 노스탈지, 옐로 퍼퓸, 벨베데레 등 개성이 다른 수많은 장미가 나름의 향과 아름다움으로 천국을 재현한다. 그 화려한 꽃 중에서 키 작고 땅을 기는 조그마한 쿰바야 로즈들이 군중의 목소리로 나를 부른다. 흑인들의 시민권 운동에 호응했던 존 바에즈가 거기에 있고, 젊은 날 내게 감동을 안겨 준 알렉스 헤일리의 소설 「뿌리」의 주인공인 쿤타 킨테와 그의 가족들이 떠오른다. 며칠 전 읽은 인디언 추장들의 연설문 속에서 만난 고양된 정신이 꽃잎 사이에서 보이고, 진실한 태도로 고난을 이겨낸 내 주위 사람들의 향기가 쿰바야 로즈에서 느껴진다. 명명의 힘이고, 연상의 마력이다. 요즘 자주 가슴이 울렁거리는 나도 그들과 함께 갈망해도 될까.

꽃이 사람을 불러 모았다. 보행이 어려운 구부정한 노인은 공원의 행복한 시간 속에 한 장면을 책임지고 걸음 연습 중이다. 천방지축 댓살박이 아이를 따라다니는 네 명의 어른들도 모두 꽃 같다. 한결 눈빛이 순해지고 가까워진 사람들로 공원은 잔치마당이다. 꽃이 이울기 전에 어머니를 모시고 한 번 더 올 수 있을까. 구순을 바라보는 어머니는 시골집에서 시나브로 사라져가는 기억을 붙잡기 위해 고군분투하고 계신다. 자고나면 생각나지 않겠지만 보는 그 순간만은 아이처럼 좋아하실 내 어머니와 함께 기원의 노래를 부를 수 있을까. 요즘 순간의 행복에 예전보다 더 감동하시는 어머니는 어쩌면 주연배우가 되실 지도 모르겠다.

  사진을 찍었다. 내 폰에서 꽃 피울 쿰바야 로즈를 들여다본다. 내 마음대로 개사한 기도문으로 신에게 'Come by here'를 전송해도 될까. 쿰바야 마이 로드 쿰바야…. 기다리는 이에게 오소서, 방황하는 이에게 오소서, 흔들리는 이에게 오소서, 오셔서 저를 깨우소서.

어엽비를 만나다

　　　　태어날 때부터 네 이름은 단풍이었지. 올려다 본 단풍나무 가지 사이로 하늘이 보였다. 차가운 물빛 여백이 철학적이다. 가을의 끝자리, 아울러 겨울의 초입에 아파트 앞뜰에 나왔다. 내 생의 버킷리스트를 작성해 볼까. 모건 프리건과 잭 니콜슨이 주연한 영화 〈버킷리스트〉를 보고 나온 길이라 생각이 많아진다. 세상을 떠나는 순간까지 자신의 삶을 소중히 다루는 자세는 어떤 것일까. 벤치에 앉은 내 무릎 위로 팔랑이며 단풍잎 하나가 내려앉았다. 내게 쏟아진 축복 같았던 단풍잎들의 낙하가 떠올랐다.

  늦가을의 창녕에서였다. 어렵게 찾아간 고가에는 단풍나무가 여러 그루 서 있었다. 나는 달력의 그림 속에 들어간 것처럼 초대받은 풍경 속의 주인공이 되었다. 색다른 빗속에서 특별한 비를 맞았다. 「추락하는 것은 날개가 있다」는 이문열의 소설을 나는 매력적인 제목으로만 기억하고 있는데, 문득 그것이 내 입술에서 흘러나왔다. 차가운 바람이 한 차례 일고, 우수수 떨어지는 낙엽들은 예전에 본 빗줄기들처럼 수직으로 내리꽂히거나 한시바삐 땅에 떨어지고자 서두르지 않았다. 마지막 비행을 하는 그들의 몸짓은 처연하기까지 하였다. 바람에 몸을 얹고 회전목마를 탄 듯 가볍게 흔들리는 부러운 여유로움이여. 그런 빠름과 느림의 조화를 나도 따라할 수 있다면 삶은 예술일 터이지. 가볍게 내려앉는다. 내 어깨 위에도, 내가 서 있는 고택의 뜰에도, 장독대에도, 기와지붕에도, 나무의 발치에도…. 구른다. 바람을 타고 흥마당을 펼친다.

  마른 가지에 기적처럼 눈을 틔웠다. 봄볕에 몸을 말리며 초록 향연을 준비하고, 부지런히 세를 불렸다. 사람도 새도 고물대는 벌레들까지도 식구였어. 찬비도 모래바람도 가려주고, 엽록소를 끊임없이 먹여 열매를 익혔지. 다음 세대를 준비하고 나서 돌아보니 잎맥조차 생기를 잃었어. 떠날 일만 남았지만 할 일이 있어. 온몸의 정기를 불러 모아 다시 한 번 생명의 옷을 입어보려네. 꼬맹이들 빨간 활동복 색깔, 새 각시 치마 같은 감홍색, 세월을 다 아는 듯 점잖은 다갈색…. 그리고 오늘, 날리는 악보의 오선지 속 춤추는 음표처럼 맑은 공기 속으로 흩날린다. 땅 위에 눕는 순간까지도 삶은 아름다운 것이었다고 몸짓으로 말하는 고귀한 잎들이여. 나는 낙엽비를 '어엽비'라 이름 짓는다.

언제가 떨어져야 할 시점인지 고대하고 있었을까. 차갑고 상쾌한 바람을 맞이하고자 오랫동안 준비했음에 틀림이 없다. 흠뻑 맞아도 옷이 젖지 않는 비, 맞을수록 행복해지는 어엽비를 나는 축제처럼 즐긴다, 우아하게 낙하하여 대지를 만나고 온몸을 떨며 반가움의 인사를 나눈다. 허물어져 내린 돌담도, 금간 기왓장과 물 괸 오지장독도 토닥토닥 따스한 위로를 입는다. 추한 곳, 젖은 곳 가리지 않고 살며시 가려주고 다독여주는 비, 바라만 봐도 마음을 편히 내려놓을 수 있는 아늑함까지 선사하는 빨간 낙엽 무리들을 본다. 사람도 떠날 때에 저리 아름다울 수 있을까. 자신이 내리는 곳이 어디든 저리 미쁘게 만들 수 있는 사람이라면 진정 성숙하다 할 수 있으련만.

돌절구에 걸터앉아 나도 무용수가 되어본다. 오른쪽으로 네 박자 뒹굴고, 왼쪽으로 살짝 몸을 젖히고, 뱅글 한 번 돌고, 잠시 멈추고…. 이 순간만큼은 몸치인 나도 가수 '비'처럼 멋진 동작이 가능하다. 술이 완전히 취하면 넘어져도 다치지 않는다더니, 무엇에나 완벽하게 취하면 평소에 하지 못하던 일도 거뜬히 할 수 있나보다. 어여쁜 낙엽비에 빙의되어 나도 그들처럼 자유롭다. 사뿐히 일어서는 동작에 몸무게가 느껴지지 않는다. 머리에 단풍잎이 꽂혔다. "빠알간 모자를 눌러쓴 난 항상 웃음 간직한 삐에로…." 예전에 애창하던 노래를 흥얼거리는 이 순간만큼은 댄싱 디바 김완선이 부럽지 않다.

두 팔을 펴고 바람을 안았다. 낙엽처럼 한 바퀴 빙 돈다. 잔디에 내려앉은 단풍잎을 손바닥에 수북이 얹고 공중에 날려도 본다. 장식 하나 없는 웃음이 터져 나온다. 내게도 단발머리 아이처럼 영혼이 자유로운 시절이 있었지. 아무도 없는 줄 알았는데 부엌에서 인기척이 느껴진다. 격자문을 열고 할머니 한 분이 나오셨다. 하얀 고무신이 정갈하였다. 객이 즐겁게 노니는 동안 모른 척 해준 그 마음에 부끄러운 눈인사를 건네었다. 그분이 뜰에 내려 두 손으로 낙엽을 받는다. 주름진 눈꼬리에 행복한 미소를 싣고서.

지난여름은 얼마나 팍팍했던가. 흙에서 피어난 부연 먼지만 움직이는 숨 가쁜 저녁, 시든 풀잎을, 마른 나무둥치를, 갈라진 밭이랑을 깨우며 차가운 빗줄기가 쏟아지기 시작했다. 세상을 재정비하며 물줄기는 내가 되어 흘렀고, 지하로 스며들어 생명의 양식을 비축하였다. 가뭄을 해갈한 비의 행보를 나무도 익힐 알고 있었기에 오늘은 나뭇잎이 비가 되어 내린다. 어엽비가 감싸 안은 땅은 이제 휴식에 들 터이다. 그들은 서서히 퇴색되다가 삭아 내려 땅 속으로 스며들며, 썩어가는 자신의 체온으로 토양을 살찌울 것이다. 탄생과 소멸의 행렬은 순환이라는 사이클을 바탕으로 대를 잇는다. 봄비에 얼굴 내밀 생명을 생각하며 기꺼이 스러지는 어엽비의 낙하는 허무와는 거리가 멀지 않을까. 급이 다른 이별, 찬란한 이별이다.

언젠가 나도 삶이라는 기차에서 내려야 할 것이다. 초록을 밀어내고 붉은 카로티노이드 색소가 얼비치는 중년의 시점에서 삶의 종착역을 생각한다. 정해진 길이의 무명 끈을 살아온 시간과 살아갈 시간으로 나눈다면 화살표는 이제 종점과 더 가깝다. 버킷리스트를 모두 행한 뒤에라야 더욱 다채로운 색깔로 물들 수 있으리라. 생의 후반도 잘 준비하고 단장할 일이다. 그리고 날을 잡아 깨끗하고 서늘한 바람을 타고 어엽비가 되어 세상에 내릴 수 있다면 좋지 않을까.

  집으로 오는 길, 와이퍼에 고운 단풍잎 몇 개가 기념품처럼 걸려 있었다. 내 앨범으로 자리를 옮긴 뒤에 그것은 그리움의 곳간에서 그 날의 어엽비를 불러내는 전령이 되었다.

순장소녀

 핏빛 옷을 입은 가야의 소녀가 내게 오른손을 내밀고 있다. 큰 눈동자가 자신의 삶이 궁금하지 않으냐고 묻고 있는 듯하다. 그 손을 잡은들 무슨 온기가 느껴지며 그 입술을 주시한들 무슨 이야기를 들을 수 있으랴마는 그 눈빛의 간절함에 묶여버렸다.
 올여름 복천박물관에서 열린 '순장소녀 송현, 비사벌을 말하다'라는 전시회에서 나는 송현이를 만났다. 그녀는 창녕 송현동 15호 고분 속에 함께 순장된 세 명의 사람들과 백골이 되어 누워

있었다. 현세의 시간을 버렸건만 세월 속에 완전히 육탈되지 못한 뼛조각으로 인해 다시 돌아온 그녀는 지금 자신을 보는 우리의 눈길이 기꺼울까. 돌아올 수 있어 다행이라 여길까. 백오십 남짓 자그마한 키를 가진 가녀린 모습의 열여섯 살 소녀가 영원의 숨결로 돌아와 먼 역사 저편의 이야기를 내게 건넨다.

송현 : 언니, 주군을 따라가는 게 저의 운명이랍니다. 그분이 혼자 저세상으로 가신다면 그곳에서 어찌 사신답니까? 제가 함께 가서 돌봐드려야 하겠지요.

나 : 너는 어찌 너의 삶을 돌아보지 않는 게냐? 네 인생의 주인은 너야. 네가 죽는다면 너의 부모님과 친구들은 얼마나 슬퍼할까 생각해 보았니!

송현 : (눈물을 흘리며) 그렇지만 부모님도 주군을 잘 모시는 게 저의 임무 며 운명이라고 하셨는걸요. 아, 무덤 속은 얼마나 어두울까.

나 : (송현의 두 팔을 세게 잡고 흔들며)그럴 수는 없다. 네가 있어야할 곳은 이곳이지 저승이 아니야. 두렵지 않니? 오빠 말처럼 얼른 국경을 넘도록 하여라. 얼른.

송현 : 내가 도망을 친다면 부모님은 어떻게…. 이제, 호위무사가 독배를 가지고 올 테고. 어쩔 수 없어요. 하지만 무서워요. 언니, 무서워요….(멀리서 둔탁한 발자국소리가 점점 커진다.)

송현이가 보고 있는 세상은 비화가야의 빛나는 문화가 숨 쉬는 찬란한 땅이었다. 순장부에 이름이 오르고서도 그녀가 보는 세상은 아름다웠을까. 왕의 죽음이 확정된 후 그녀는 박물관 유리장 앞에 서 있는 저 모습처럼 놀란 눈으로 표정을 잃고 말았던 것일까. 그녀 또래 소녀들은 낙엽이 구르는 것만 보아도 울고 웃는다고 하는데, 꽃잎처럼 고운 입술로 소녀는 말했으리라. 무서워요…. 무서워요….

무덤 속만 무서운 게 아닌 것 같다. 살아서 두 손 모아 바치던 음식을 죽은 뒤에도 상전에게 받쳐 드리고자 하는 충성심을 믿고 싶어 한 왕의 이기적인 심성이 두렵다. 죽은 뒤에도 현실의 삶이 그대로 이어진다고 믿은 가야인들의 무지가 무섭다. 지배계급이 가진 칼날의 그늘 아래서 죽어서도 피지배계급으로 살기 위해 목숨을 바쳐야 했던 사람들의 내세관에 오싹해진다. 게다가 어린 송현이가 독배를 받아들일 수밖에 없도록 회유하였을 살아

남은 이들의 냉담한 체념은 차라리 아프지 않은가.

　송현이는 무덤 속에 누웠다. 차고 투명한 이성이 사라진 세상에서 그녀는 하나뿐인 생명조차 권력자에게 뺏겨야만 하였다. 처음부터 그 세상에 인간적인 자비가 있기나 하였을까. 세상 밖에나 무덤 속에나 그것은 자리하지 않았다. 고고학자는 그녀의 반듯한 뼈 형상으로 볼 때 산 채로 매장되지는 않았다고 하였다. 게다가 뼈에 상처가 없어 누군가처럼 두개골이 깨지는 고통을 당하지도 않았으며, 아마도 독을 마셨거나 질식사하였을 것이라는 추측을 내놓았다. 그 학자는 다행이라고 표현하였지만 그녀에게 다행이란 낱말은 어울리지 않으리라.

　현대과학기술에 힘입어 되살아난 송현이는 사랑니도 채 자라지 않았고 성장판도 닫히지 않은 사춘기 소녀였다. 무릎을 꿇는 동작을 많이 하였는지 나이에 어울리지 않게 무릎뼈가 닳았고, 빈혈이 있었으며, 여러 개의 충치로 고생하였고, 앞니로 무언가를 반복적으로 끊은 흔적을 찾을 수 있었다고 한다. 온갖 질병으로 힘들어하며 여린 무릎뼈가 닳도록 억눌려야 했던 삶을 죽어서도 계속하기 위해 순장의 굴레를 졌단 말이던가. 혹여 그 억울함 누를 길 없어 그 옛날에 이런 일이 있었노라 증언하러 내게

왔단 말이더냐. 왼쪽 귀에 매달린 금귀걸이의 반짝임조차 그녀의 삶에 빛이 될 수는 없었지 싶다.

　귀걸이 한쪽은 어디에 두었을까. 독배의 그림자가 덮쳐오기 직전, 헤어지기 싫은 친구에게 급히 떼 주었을까. 그녀의 시신을 옮기던 인부가 그 귀한 반짝임이 탐이 나 슬쩍 챙겼을지도 모를 일이지. 가야나 신라 지역 순장자들의 소지품이나 껴묻거리들을 살펴보면 평민들에겐 언감생심인 값나가는 것이 많아 그들이 높은 신분의 사람이라는 추측을 하게 된다. 왕의 죽음 앞에서 높은 신분의 소유자가 파리 목숨이나 다름없이 순장의 대상이 된다는 현실은 노블리스 오블리제의 실천이었을까 싶기도 하지만 믿기 어려운 일이다. 목숨을 거둘 날을 받아놓고 위로의 의미로 그녀가 평생 가져보지 못한 금귀고리를 그녀에게 건넸을 수도 있지 않았을까. 어느 경우라도 그녀가 흘렸을 눈물의 깊이는 잴 수 없을 것 같다.

　죽음 앞에 누가 의젓할 수 있을까. 도를 이룬 깨달은 이도 아니고, 산전수전 겪다가 삶을 스스로 포기하고자 스스로 나선 이도 아니다. 분홍빛 꿈을 가슴속에 키워나가던 어린 소녀가 감당하기에는 너무도 가혹한 처사였다. 자신의 다음 세상이 두려워

다른 사람까지 모호한 죽음 후의 세상으로 이끈 왕은 참으로 대왕다운 지도자는 못 되었던 것 같다. 죽음 앞에서는 성직자도 살려 달라 의사의 가운을 잡아당기고, 백수를 코앞에 둔 노인조차 혹시나 싶어 보약을 달이는 게 인지상정이거늘. 누군들 죽음의 검은 휘장 속을 두려워하지 않을까. 자신의 두려움을 줄이는 대신 타인의 공포에 눈감은 처사에 나는 주먹을 부르쥔다.

　현세의 삶이 죽어서도 이어진다는 계세사상을 신봉하는 시대였다. 살아서 모시던 왕을 죽어서까지 섬기는 내세관을 송현이도 순순히 받아들였던 것일까. 그것을 숙명으로 받아들여야 하는 세상이었다면 그건 분명 지배계층이 피지배계층을 세뇌시킨 무자비한 폭력이 아닌가. 죽음 이후의 세계가 두려웠던 권력층의 간절한 바람이 가져온 어처구니없는 비극을 어찌하면 좋을까. 순장이 불가능해지자 토용을 빚어 넣고 사후세계를 위해 온갖 껴묻거리를 함께 묻어 자신들의 바람을 이루려 한 그들의 기원이 차라리 안쓰럽다. 사후세계를 준비한 대표적 인물은 진시황이다. 그의 병마용을 처음 보았을 때 나도 모르게 혀를 찼다. 살아서는 불로초를 구하느라 노심초사하고 죽어서는 엄청난 병마용을 소유하여 그만의 제국을 계속 누리려 한 그 욕심에 놀랄망정 찬사를 보내는 이는 없지 싶다.

연약한 몸에 걸친 버겁도록 헐거운 옷이 그녀를 짓누른 삶만큼이나 무거워 보인다. 긴 소맷자락에 덮인 채 나를 향하고 있는 그녀의 손끝에서 단호함을 본다.

송현 : 이제 말하고 싶어요. 얼마나 싫었는지. 두려웠는지. 또 서러웠는지! 그리고 얼마나 살고 싶었는지!
나 : 알아. 네 마음을. 너의 부활로 비사벌의 비극은 햇살 아래 섰단다. 이젠 웃으렴.

송현이의 모습을 카메라에 담는다. 살풋 꽃 피우다 잘려버린 가련한 꽃망울이 안쓰러워 화면은 얼핏 핏빛이 된다. 죽은 이는 말이 없다지만 역사 속에 온당치 못했던 죽음이 어찌 안식에 들 수 있었을까.

산중의 악사

　　산은 적막할 때 산답다. 숲은 짙을수록 숲답고, 계곡물은 바위와 돌멩이를 안고 감싸며 자연스레 몰입하여 흐를 때 계곡물답다. 산천어는 걱정 없이 뛰어놀 때 1급수를 즐기는 귀한 물고기답고, 멧돼지도 사람이 있을 때는 나무그늘에 숨어주는 것이 산중처사의 배려하는 모습이다. 녹색바람까지도 화음을 이루며 조화롭게 어우러지는 곳이 힐링의 성소, 바로 산이다.

　몸이 구원을 청하는 소리를 들었다. 일주일 내내 휴식이 그 무엇보다 필요한 순간임을 다행히도 알아채었다. 마음이 움직이니

한 시간 거리도 잠깐인 것을 뭐가 그리 어려웠던가. 천성산을 찾아 공원입장료를 치르고 내원사 계곡으로 올라갔다. 소금강이 라는 별명처럼 삼 층 바위와 절벽이 둘러싼 아름다운 계곡이 나를 부르고 있었다. 산의 초입부터 흙과 나무와 하늘과 계곡물이 연주하는 우아한 백색음향이 나를 감싸 안았다. 들을 때마다 마음 깊은 곳에서 순수와 감사의 은혜를 맛보게 하는 베토벤 전원교향곡의 피날레처럼 나도 한 명의 자연 오케스트라 단원으로, 아니면 청중으로 산의 정기를 수혜할 수 있으리라.

높은 너럭바위에 올라 자리를 폈다. 산이 준비한 우람한 돌 평상에 앉으니 옛 살라비에 안긴 듯 편하기 그지없다. 바람 덕분에 나뭇가지와 잎으로 조각난 하늘이 알렉산더 칼더의 천장 모빌처럼 잘게 반짝인다. 계곡물 소리가 천천히 내 몸속으로 흘렀다. 깨끗한 습기와 싱그러운 나무 향이 머릿속을 가득 채웠다. 내가 누구인지, 내가 무엇인지 생각하지 않아도 되는 편안함으로 눈을 감았다. 내 안의 주파수에 조응하는 자연의 안테나를 찾아 나선 길이었지 않은가. 비 맞은 듯 추레한 내 작은 몸이 다 마르면 털고 일어나 돌아가리라. 푸른 하늘을 배경으로 바람에 흔들리는 저 작은 나뭇잎 한 장처럼 가벼워져서 다시 일상으로 복귀하리

라. 불행히도 휴식은 거기까지였다. 기대치 못한 팡파르가 쳐들어오기 전까지….

"빵… 빠앙….” 온 숲이 몸을 떨었다. 순간 나는 젖은 신문지처럼 돌바닥에 붙박였다. 버들치가 날쌔게 돌 그늘로 몸을 피하고, 새들이 날아올랐다. 솔바람을 타고 놀던 나뭇잎들이 엉키듯 흔들리고, 천년을 자리 잡고 묵상 중이던 돌부처가 한숨을 내쉬었다. 밤을 기다리며 졸던 부엉이가 나뭇가지에서 떨어지고, 정답게 맞붙어있던 노루 부부가 펄쩍 뛰어 도망을 갔겠지. 산비둘기 새끼가 둥지에서 아우성치고, 다슬기 가족들도 아차 돌을 놓쳐 세찬 물살 속에서 이산가족이 되었겠다. 저만치 눈에 들어오는 한 남자가 미워서 가슴은 울렁거렸지만 입도 열리지 않았다. 고속도로 바닥에 설치된 속도저감 장치처럼 터덕거리는 불쾌한 느낌이 휘몰아쳤다. 그것이 경쾌하던 여름 오후 수려한 산 생태계를 휘저어버렸다.

색소폰 소리였다. 계곡 반대편 너른 암반 끝자락에 천막에다 널찍한 가림막까지 나무에 고정해 놓고, 수건과 티셔츠를 빨아 널어놓고 있는 품이 그 남자는 한여름을 여기서 나기로 작정을 했나 보다. 웃통을 벗고 반바지만 걸치고서 멋진 폼을 잡는다.

꼬나 든 악기가 황금빛으로 번득이며 다시 울리는 단조로운 굉음이 고막을 찢는다. "빰, 빰 빰 빠아아앙…." 자신감에 찬 호흡으로 울려댄다. 총알처럼 회전하며 두개골을 패는 저 소리를 왜 그는 심산유곡에 풀어놓는가. 부는 게 아니라 그것과 전투를 벌이고 있다. 아마도 그는 산중의 악사樂士가 되고자 했을 것이다. 집이나 동네에서 연습할 장소를 찾지 못 하였을 테니.

  어울림의 문제라는 생각을 한다. 산 식구도 귀를 기울이며 행복하게 감상할 정도의 음률이라면 보시에 다름 아니다. 주세붕이 청량산을 유람하며 쓴 글에 악기 이야기가 나온다. 산세에 대한 표현도 아름다웠지만 '자민루에 올라 젊은 악사에게 피리를 불게 하니 그 소리가 맑고 부드러워 월궁의 계수에 통하는 것 같았다.'는 표현과 '산을 오를 때 층암절벽에 악사가 가려져 피리 소리만 들려 황홀하였다.'고 한 부분에서 나도 행복해졌다. 숲과 피리 소리가 어울려 숲은 더욱 청청해지고, 피리 소리는 더욱 정교해지지 않았을까. 피리는 어쩌면 산의 주파수에 어울리는 떨림을 가진 악기이다. 색소폰도 그럴까. 즐기고 좋아하는 데 쓰임을 가진 것이건만 도시의 소음에 기진한 오늘, 그것은 내게 악기樂器라 하기 어렵다.

간절한 기대가 꺾일 때 느끼는 좌절감은 폭풍처럼 나를 집어삼킨다. "아저씨!" 앙칼지긴 해도 작은 내 목소리로는 어림도 없다. 혹여 들린다손 쳐도 내려가 항의한다는 것은 도무지 엄두가 나지 않았다. 손가락 하나도 까딱일 수 없을 정도로 맥박이 가라앉아 있다. 얼마나 멀리 피해 가야 평온을 찾을 수 있을까. 그냥 귀가를 결정하면서 눈에 들어오는 하늘에, 수런거리는 나무들에, 보이지 않는 작은 곤충에 이르기까지 미안하고 죄스러웠다. 나도 사람이라는 이유로 왠지 서글퍼진다. 패잔병이 된 내 등에 산 식구들이 채워 준 분노 자루 하나가 무겁게 얹혀 어깨를 내리누르는 느낌이다. '로마에선 로마법'이라는 말처럼 속세를 떠나오면 자연의 법을 따르는 것이 옳지 않겠나.

 그를 산중의 악사惡士라 부른다면 너무한 처사가 될까. 자연의 화음을 익히지 못하여 다른 생명들에게 폐를 끼쳤음을 언젠가는 그도 알게 되리라. 나의 비겁함이나 그의 무례함이나 도긴개긴 아닌가 싶다. 쫓겨 왔지만 눈치도 없이 아직도 이명처럼 들리는 취주악기 쇳소리에 힘없이 짜증을 얹는다.

달팽이의 춤

나도 긴 목을 가지고 싶다. 목이 길수록 아름답다는 게 중론이기도 하지만 그보다도 여유로운 느낌에 나는 방점을 찍는다. 모딜리아니 그림 속의 여인이 그랬고, 여배우 장미희가 그랬고, 목에 쇠목걸이를 층층이 거는 태국 빠동족 여인들이 그랬다. 나를 나이게 하는 중앙조정실의 소중함이야 더 말해 무엇하랴. 머리를 소중하게 높이 떠받들고 있는 것이 긴 목이라면 순간의 움직임조차 우아하지 않으리.

"아무런 구속 없이 그냥 온전히 자신으로 산다면 하고 싶은 것이 뭐냐?"는 질문을 친구로부터 받은 적이 있다. 갑자기 머리가 뱅글뱅글 돌기 시작했다. 막걸리 반 잔 속의 알콜이 시키는 대로 내 머리 속의 생각세포들이 돌고 돌았다. 사실 답이 마땅치 않았다. 이런 질문에조차 나는 푸코가 말한 판옵티콘의 지배 하에서 적절히 내 생각을 다듬고 있는 것일까.

"자유롭게 춤추고 싶다. 스스로 아름답다고 말할 수 있을 정도로 시도하고 성취하고 싶다."

친구가 그거야 하면 되지 않느냐고 말했지만 모르는 소리다. 어릴 적에 발레학원에 다니고 싶었다. 학교를 제외한 별도 교육이 사치였던 우리 집 경제사정으로 소망은 빛을 보지 못하였다. 나의 인상은 제법 단정했다. 내성적인 성격으로 나 자신을 야무지게 다스려온 세월은 애써 무시하려 해도 마음먹은 만큼 수월하지 않았다. 기억 속에 정리된 내 인생의 비망록은 만지면 찹찹한 냉기가 흐른다.

유연했다. 조그만 패각 속에 압축되어 저장된 파일처럼 뭉쳐 숨을 수 있는 신축성으로 인해 달팽이, 너는 나를 이긴다. 살면서 기웃거린 목표들이 하나 둘씩 버려질 때, 나는 그러지 못했다. 오랫동안 미련이란 꼬리를 숨기지 못해 아쉬워하고 방황했으며,

그러다 화석처럼 남은 아픔을 안기도 했다. 꿈처럼 신화처럼 부러웠던 그 많은 개성들처럼 나도 내 마음이 원하는 대로 자유롭고 싶었다. 온몸으로 표현하고 싶었다. 간절히 원하였던 탓일까. 무용을 전공한 김 박사가 무료로 필라테스 강습을 개설했던 것이다.

제일 중간 앞자리에 매트를 깔았다. 선생님들이 통신표에 박아준 '내성적'이라는 푯말을 지우기 위해 열심히 노력했다. 유연성이 없다는 것은 노력이 부족했기 때문이라는 믿음을 가지고 집에서도 복습을 게을리하지 않았다. 그날도 김 박사의 "더 더 더 어…." 소리에 힘입어 힘껏 다리를 벌리고, 허리를 숙였다. 척추에 얹히는 둔중한 무게 덕분에 각도를 줄일 수 있었다. 그렇게 한 번 두 번 그녀는 정강이로 내 등을 눌렀고, 나는 점점 각도를 줄여갈 수 있었다. 기쁨도 잠시 인대가 나갔는지, 디스크를 다쳤는지 통증 때문에 정상적인 생활도 어려워졌다.

요가를 그만 두면서 나는 막대기 같은 내 몸을 받아들였다. 달팽이가 버리지 못하고 지고 다녀야만 하는 집을 무시하는 것은 애당초 잘못된 판단이었다. 근육과 관절의 유연성만이 문제가 아니었다. 사고의 캡슐을 연질로 바꾸고 싶은 욕망을 눈치 채는 데

둔한 촉수가 문제였다.

  노래방에서였다. 일 년에 한 번, 작가들이 모여 전국대회를 치르고, 친목을 위해 만든 자리였다. 꾸밈없이 분위기에 빨려 든 그들은 잘하나 못하나 아름답다. 나름의 표현으로 함께 어울리는 사람들 속에서 나는 한 작가에게서 눈을 뗄 수가 없었다. 요가를 오래 한 친구였다. 선 채로 낮은 포복자세로 느리게 기다가 멈춘다. 정지된 시간, 그러더니 그가 머리를 치켜들었다. 일찍이 보지 못했던 고고한 동작으로 먼 미래를 향해 몸을 쭉 펴고 고개를 치켜들었다. 안테나를 단단히 일으켜 세우고 먼 곳을 응시했다. 그녀의 두 팔이 사선으로 위를 향해 쭉 뻗고, 다리를 찢어 아래로 거의 바닥까지 내렸다. 내가 꿈꾸어 온 자세였다. 한 마리 달팽이처럼….

  며칠 뒤 꿈을 꾸었다. 달팽이 한 마리가 이리저리 머리를 흔들며 안개 자욱한 숲을 뚫고 가고 있었다. 지구를 다 돌 듯 쉼 없이 배를 밀어대는 달팽이 가는 길에 장애물은 없었다. 뭐든 타 넘고 뭐든 돌면서도 한 방향으로 계속 가는 것이었다. 가는 옥잠화 기다란 이파리 끝에 다다라 드디어 길을 멈추었다. 동그란 패각 속에서 움츠렸던 몸을 쭉 펴기 시작했다. 목은 목대로, 꼬리는 꼬리대로 길게 늘어져서 최고의 키를 가지더니, 패각의 두 배, 세 배가 넘도록 달팽이의 목이 늘여지고 그 위에 더듬이는 사방을 향해 춤을 추기 시작했다. 무엇을 노래하는 것일까. 혼자이고 싶어 하는 달팽이의 의식 속에서 살며시 빠져나왔다. 꿈은 벗어났으되 그 분위기에 좀 더 머무르고 싶었다.

눈을 감고 아주 천천히 목을 회전시켰다. 손끝에서 발끝까지 신전하여 최대한 키를 키웠다. 내가 걸어온 길은 어떠했던가. 돌부리가 있는 곳도 마다치 않았다. 패어서 웅덩이가 밟혀도 그냥 걸었다. 그렇게 사는 것이려니 하였다. 가진 것 없어 불편하였지만 그냥 살아내었고, 형편에 맞춰 진로를 찾았고, 어느 자리에서나 열심히 노력했으며, 그치지 않고 공부했다. 고무공처럼 튕겨 나가지 않고, 삶에 눌어붙어 살았다. 가정을 꾸리고 양쪽 가족들과도 무리 없이 얽혔다. 남들도 다 하는 일이거니 여기며 그저 그렇게 살아왔다.

성을 등에 지고서 부지런히 배를 밀었다. 갑년에 이르러 돌아보니 구부러진 길이 눈앞에 밟힌다. 애써 살아온 길은 가까운 흔적조차 건조하다. 이제는 돌아볼 시간, 멈춰 서서 내 모든 긴장을 풀고 싶다. 그저 단단하고 강하게 지으려고 애썼던 내 성이 그럴수록 더 무거워져 이제 승모근은 긴장에 겨워 경직상태다. 꿈속의 달팽이는 의례를 치르는 중이었을까. 춤의 절정은 온 몸을 최장으로 늘인 채 긴 더듬이를 허공으로 내밀고 상체를 세워 휘젓던 마지막 부분이었다. 그 모습이 선명하다. 꿈에 나온 달팽이는 자신의 투영이라 해석했던 심리학자 융의 말에 기대어 내가 그릴 저 아름다운 선을 상상해도 좋을까.

버리지 못하는 집을 지고도 몸을 최대한 신전시키는 달팽이의 고요한 몸부림을 보았다. 윤활유를 충분히 갖고도 낮에는 활동하지 못하는 너의 아픔을 보면, 삶은 선택의 문제가 아닌 것 같기도 하였다. 너의 춤은 그래서 더욱 비장하다. 중력을 외면하듯 자유로운 춤사위에 매혹되어 갑년에 나는 비로소 기지개를 켠다. 즉흥무를 추고 싶다. 춤추는 달팽이의 시선이 가닿은 피안을 찾아 뻣뻣하나마 나만의 독무를 펼쳐보고 싶다.

영혼의 모음

　　물이 제법 불었다. 오랜만에 나온 나를 기다린 듯 수양버들 가지가 먼저 알은체한다. 온천천을 마주하고 마스크를 벗는다. 오랜만에 숨을 순하게 쉰다. 차가움도 건조함도, 거기다 미세먼지까지 못 견뎌하는 호흡기 때문에 잠을 설친 지 한 달이 넘었다. 가습기를 동무로 거친 숨소리를 다스리며 보낸 시간 동안 머리카락조차도 숨이 죽었다. 낫기나 하려는지. 하구 쪽을 향해 천천히 걸음을 옮긴다. 물 먹은 산책로가 탄력 있게 나를 받친다.

비는 친구처럼 내 소맷자락을 잡아당겼다. 핑크빛 우산을 들고 비를 만나러 나오면서 고무신을 신었다. 예쁜 리본이 달린 검정 고무신을 선물한 친구의 마음 때문일까. 한 폭의 수채화에 분위기를 싣는 음향들이 경쾌하였다. 우산에 토닥이는 빗방울 소리, 접촉하는 대상에 따라 달라지는 고무신의 발화가 정겨웠다. 길에 괸 빗물을 쓸고 가는 자동차 소리가 신난 함성처럼 들리는 건 드문 일이리라. 큰 나무 밑 돌계단에 올망졸망 모여 앉은 비둘기들이 나를 보며 고개를 주억거리다가 들릴 듯 말 듯 구구거렸다. 진 켈리의 '싱잉 인 더 레인'을 흥얼거리며 빗소리에 맞춰 스텝을 밟아 보았다. 탭댄스의 현란한 발놀림은 아니더라도 비 나들이는 이래야 하지 않을까.

세 갈래 길에 목 졸린 아파트 모퉁이를 돌아 확 트인 공간을 만나는 순간 살아 움직이는 사물들과 만났다. 나도 모르게 턱을 세우고 비 냄새를 맡았다. 한동안 '비를 좋아하는 사람은 지적知的'이라는 출처 모를 상식에 들뜨기도 했었지만 이젠 '지성보다 감성'이라는 말에 더 마음이 간다. 비 내리는 뜰을 내다보는 고즈넉한 시간이나 빗소리를 들으며 무심히 낙숫물이 만드는 작은 웅덩이를 살필 때에 몸에 스미는 차분한 습기를 즐긴다. 비를 받아들이는 사물의 마음은 왠지 손가락 끝으로 가만가만 더듬어야 알 수 있을 것만 같다. 세수한 민낯처럼 청신하게 다가오는 가구나 집기를 어루만지며 내 삶의 발자국을 더듬는다.

비는 내 안을 들여다보게 한다. 몸이 아프기도 했지만 불평과 짜증으로 바둥대며 보낸 시간들이 못마땅해 더욱 복잡한 마음이었다. 아래로 아래로 고개를 숙이며 엉켜있던 풀이 시들어가는 내 모습이었다. 뒤집어 쓴 먼지 틈새로 햇빛을 찾아나서는 작업은 쪼그라드는 물관으로는 가당치 않은 일이었다. 지친 나에게 비가 낮은 목소리로 소곤거린다. 마음속에 패인 마른 웅덩이에 찰랑거리는 위로를 얹어준다. 비는 메마른 흙길 위를 오랫동안 헤매다가 골이 져 비뚤어진 이랑에 어느새 스며들고, 메주처럼 갈라진 토양을 차지게 이긴다. 다시 모양을 잡는다. 먼지를 씻어내고 조금씩 숨구멍을 틔워주는 비의 손길 아래 내 마음도 어느새 촉촉하게 윤기를 띤다.

내게 있어 스무 살은 방황의 시기였다. 폭우가 내리던 어느 하루, 친구들은 집으로 갈 걱정에 수런거렸지만 단짝이었던 경혜와 나는 강의를 빼먹었다. 금강공원이 온전히 자신을 비워두고 우리를 기다리고 있었다. 빗물은 경사진 길옆 골을 따라 물길을 내며 내달리고, 나무들은 세찬 비를 아무 조건 없이 맞느라 침묵의 구도자가 되어 있었다. 우산조차 흠뻑 젖어 섬유의 미세한 틈 사이로 습기를 모아 내 목덜미로 물방울을 떨구었지만, 장엄한 빗소리와 향긋한 흙냄새로 인해 우리는 자유로웠다. 들어야 할 세상의 온갖 말을 다 듣는 듯한 느낌으로 우리는 입을 닫았다. 세심洗心의 시간이었을까. 오랜 시간이 흘러도 지워지지 않는 충격으로 비는 내게 다가온다. 한 번 더 온전히 비워진 공원에서 막강한 그와 독대한다면 순정했던 그 감정을 그대로 살려낼 수 있을까.

짙어가는 초록을 즐기다 보면 장마가 찾아올 터이다. 시시때때로 부엌 창을 통해 금정산에 피어오르는 물안개와 비구름의 신묘한 춤동작을 즐길 수 있겠지. 마음에도 어느새 물꽃이 피고 명상의 시간처럼 나는 차분해질 것이다. 시간의 흐름에 당황하는 일도 줄어들고, 글을 쓰고 또 쓸 수 있을 것이며, 음악을 들으면서도 청소를 하면서도 살아있다는 사실이 감사하여 평소에 못하고 미루었던 일들을 끄집어내어 즐길 터이다. 잃어버린 것들을 떠올려 기억 속에서 곱게 손질하는 것도 그때이리라. 그럴 때 비의 주파수는 삶을 독려하는 긍정에 맞춰져 있다. 비의 손바닥 위에서 내가 자랐으니.

비 오는 날, 학교 운동장은 신세계였다. 선생님은 운동장 가 보도로 다니라고 주의를 주셨지만 나는 금세 잊어버렸다. 모래사장에서 바라본 운동장은 지구본이며 세계지도였다. 어제까지 없던 물길들이 휘돌고 뻗어 삼각주가 생기고, 연못이 강이 실개천이 모양을 드러냈다. 장화를 덜걱거리며 물길을 휘젓고 다니던 그때부터 비는 내게 영험한 손길을 내밀기 시작하였던 것 같다. 비처럼 꿈꾸며 살리라던 기대는 살면서 점점 희석되었지만 숨은 꿈이 되어버린 비의 속삭임을 다시 살려낼 수 있다면 좋으련만. 빗소리에 배어있는 영혼의 모음(母音)을 다시 들을 수 있다면 온갖 걱정과 욕심과 지식을 모두 떼어내 버리고 플라나리아처럼 일급수에서 건강하게 헤엄치며 살 수 있지 않을까.

풀이 일어선다. 칼칼하게 씻긴 푸른 몸을 곧추세운다. 먼 산 아래 고층건물들이 물안개 속에서 깨어나고 있다. 징검돌을 단련하는 물살의 장엄한 손길에 다시 시선을 둔다. 생명수를 마시는 세상 만물처럼 나도 오랜만에 심호흡을 한다. 이슬비가 어루만진 세상이 힘을 차린다.

고서 속에

　　고색창연한 늙은 책은 백두처럼 신성하다. E. H. 카의 책 『역사란 무엇인가』를 책장에서 찾았다. 넘쳐나는 책을 수용하기 어려워 '권대근 작은문학관'으로 보내려고 짐을 싸다가 오래된 추억을 건져낸 것이다. 오묘한 갈색으로 삭아가는 종이가 신기하기까지 하다. 한 권의 책에 세월이 쌓이면 이렇게 되는구나. 원체 페이지 수도 많지 않은데 더한층 얇아지고 민감해진 책장을 만지니 내 삶의 궤적이 머릿속에 파노라마처럼 스쳐간다.
　　사실 제목부터 묵직한 것이 좀 부담스러웠다. 대학 새내기 시절, 공부보다는 과외활동에 공을 들였던지라 동아리 세미나에 의욕이 대단하였다. 내가 주제 발표할 차례가 되었는데 주어진 책이 『역사란 무엇인가』였다. 우연히 서울에서 대학을 다니는 A에게 이야기를 했더니 책을 사서 우편으로 보내왔다. 학생과에 가서 소포를 받아오며 얼마나 설레고 흐뭇했던가. 어찌 발표했는지는 기억나지 않는데 나를 위해 책을 고르고 정성껏 메모하고 포장했던 A의 마음이 고마워서 여태껏 소중히 간직하고 있었던 것이다. 볼펜으로 쓴 인사말과 날짜가 짙어진 종이색깔 탓인지 이외로 더 선명해 보인다.

이 책은 카가 1961년 케임브리지에서 한 연설을 옮긴 것이다. 몇 차례 읽기도 하였지만 쉬이 잡히지 않는 어려운 내용을 오로지 A를 생각하며 읽어냈다고나 할까. '역사란 역사가와 그의 사실들의 끊임없는 상호작용 과정, 현재와 과거 사실의 끊임없는 대화'라는 문장은 지금까지도 기억한다. 역사의 의미는 '과거와 미래의 목적 사이의 대화'라 역설했던 카의 생각에 따르면 내가 만들어가는 나의 역사 속에 나는 그 에피소드를 진하게 사실史實로 선택하여 기록해 두었다고 할 수 있으려나.

객관적으로 고서란 오래된 책이다. 한국고서동우회에서는

1959년 이전에 출판된 책으로, 한국인쇄문화사에서는 1910년을 기준으로 삼는다. 이 정도의 자료라면 문화유산의 가치를 가지고 선조들의 정신과 일상생활을 엿볼 수 있는 귀한 자료로 대접 받을 수 있다. 내가 가진 책은 객관적인 고서古書의 반열에는 들 수 없지만 내겐 귀한 서적이니 고서高書라 해도 될까. 나와 나이가 같은 이 역사철학서는 역대 베스트셀러란 찬사를 들으며 아직도 서점에서 쇄를 거듭하고, e북으로도 나와 있는데 아직도 역사라는 영역에서 현역으로 뛰고 있는 것이다.

누렇게 뜬 고서에는 정령이 깃들어 있을 것 같다. 내 책은 보관이 시원찮아서 그런지 마흔을 겨우 넘긴 나이에 고서의 반열에 들어 보인다. 주인을 잘못 만나 겉늙은 책에서 저자는 늙지도 않고 살아 나온다. 고전인 까닭이다. 에드워드 카가 묻는다. 제대로 역사를 기록하며 살았느냐고. 역사는 시대적 상황의 영향을 받을 수밖에 없고, 역사가에 의해 역사는 사실 자체에만 함몰되는 것도, 역사가의 주관 속에만 존재하는 것도 아니라고 말해준다. 세미나보다 내가 사적私的 사실史實로 기록하고자 했던 A의 마음에 기대어 내 삶의 궤적은 좀 더 윤택한 길이 되었다. 함께 해 줘 고마웠다는 인사를 허공에 풀어놓는다.

더불어 늙은 볼펜 자국을 찾는다. 모나미 볼펜은 신기하게도 세월이 갈수록 진해져서 종이에 기름을 먹인 듯 번진 것이 그조차 고풍스럽다. 'mon ami'. 발음이 특이하던 불어 선생님을 흉내 내어 소리 내어 본다. 꼬리를 물고 가는 생각이 고등학교 시절까지 영역을 넓힌다. 다양한 필기구가 빼곡한 문구점에는 아직도 그 디자인 그대로인 모나미가 내 눈길을 잡아당긴다. 책 속 곳곳에 살아있는 밑줄 그 역시 내 소중한 역사라 해도 될까. 역사란 무엇인가. 후속 학자들의 새로운 이론들이 속속 도전장을 내밀었고, 서점에는 역사에 대한 논의가 한껏 펼쳐져 있다. 내 역사의 기록은 그것을 함께 녹여가며 지금까지 이어져 온다.

기름기가 번져 더 질겨 보이기도 하는 누런 책장을 들추며 책냄새를 맡는다. 특유의 낡은 냄새가 세월을 말한다. 한 장씩 넘길 때마다 힘없이 쓰러지는 책장을 본다. 세월의 무게란 이리 버거운 것이지. 그 냄새를 타고 내 진정 젊었던, 시골에서 올라와 모르는 것도 많았던, 최루탄 냄새와 데모와 차마 들을 수 없이 잔인하던 떠도는 이야기들로 분노하던, 휴교령이 내려 하고 싶었던 공부조차 시들해지던 그 시간들이 하나씩 걸어 나온다. 함께였던 내 친구들과 학우들은 어디서 무엇을 할까. 결이 삭은 책장을 넘기노라니 희미하던 기억들이 제법 또렷하게 살아나온다.

어쩌면 역사는 사람 간의 관계로 의미를 갖게 되는 것이 아닐까. 한때는 가슴 뛰고 설레어서 잠을 못 이루고, 늘 가슴에 머무는 영상이 역사로 기록되기도 하였다. 그 역사 안에서 사람은 반추하고 자기 검열하며 한층 성숙해지기도 한다. 세월이 참 많이 흘렀다. 물처럼 흘러갔으나 그 순간에서는 최고의 관계로 위로를 나누던 사람이 그립다. 사연 많은 책장 속에 사는 이들이 이십 대의 내 세계였고, 내 거울이었으며 나를 가르치는 교사였다. 앞으로 내 역사의 책장에 기록될 이름들이 궁금해진다.

찢어질까 사그라질까 두렵다. 역사도 역사가에 선택되어야 역사에서 살아남는다는 것은 내게도 해당된다. 책장 유리문을 열고 가장 좋은 자리에 힘들어하는 얇고 낡은 이 책을 소중하게 세운다. 관계를 보관한다. 고전이 되었지만 에드워드 카의 목소리는 여전히 카랑카랑하다.

수상한 사진관

홍대거리에 비가 내렸다. 투명한 비닐우산에 튕기는 빗방울이 많아질수록 내다보이는 사람 수도 불어났다. 청춘들이 거리를 채우기 시작했다. 어제 부산에서 올라와 행사를 치르고 덤으로 얻은 날인지라 걸음은 빗방울전주곡에 맞춰 스텝을 밟고, 나는 어느새 대학가요제에 열광하던 스무 살 때처럼 생기가 넘쳤다. 튀는 아이디어에 사로잡혀 내가 사진을 찍느라 딴전 피는 사이 이모와 이모부는 골목 옆 작은 간판 아래로 먼저 몸을 숨겼다.

수상하다. 좁은 계단을 빙 돌아내려 가자 하얗고 작은 문이 보였다. 문을 열고 내가 속하지 않은 까마득한 세상으로 빨려 들어가는 순간에 나는 발을 멈추었다. 눈과 입을 동시에 열었다. 정신을 탁 놓았다. 내 몸이 내부를 다 가려버리는 좁다란 문턱에 서서 이상한 나라의 앨리스처럼 감탄사를 멈출 수 없게 되었다. 매력적인 간판에 이끌려 들어선 '수상한 사진관' 한가운데서 나는 이방인처럼 눈을 굴리며 혼자 서 있었다.

입술이 붉은 소녀들이 화관을 쓰고 내 앞을 가로질러 갔다. 왁자지껄 터지는 웃음이 따라왔다. 나를 보고 웃는가 싶어 뒤를 돌아보았다. 벽을 따라 죽 늘어선 십여 개나 되는 앙증맞은 화장대들 앞에는 갓 없는 전구가 빛을 발하고, 그 아래 갖가지 머리핀과 색조화장 도구들이 놓여있었다. 드라이어가 있고, 공주풍 화관과 마술사의 모자까지. 문도 없는 작은 방에서 아이들은 다양한 의상을 입고 혹은 가면이나 망토를 쓰고 모델보다 멋지게…. 벽에 붙은 수백 장의 사진 속에서 신나는 열망이 와르르 쏟아져 나왔다. 화면을 엿보았다. 다섯 대의 컴퓨터가 작업 중이었다. 포토샵을 통해 더욱 생기 있게 예쁘게 멋지게 혹은 충격적으로 인물을 표현하는 손끝이 재발랐다.

작았다. 화장품도 소품도 전등도 심지어는 가구도 매우 작았다. 그것들이 내 눈길에 반응한다. "안녕하세요, 아줌마." 우리 말 말고 그들이 쓰는 다른 말이 있을 듯하여 나는 웃음만 보낸다. 입구에 비치된 샘플 앨범을 펼치니 갖가지 포즈의 사진들이, 다양한 인물들의 추억들이 자기가 어떠냐고 물어온다. 어디로 가야 하는지 묻는 앨리스에게 체셔고양이는 "네가 어디로 가고 싶은지에 달려있다."고 하였지. 어디선가 나타난 이모에게 이끌려 수십 명 요정들로 부산한 사진관 문을 닫고 지상으로 오르는데 등 뒤와 눈앞은 판이하게 다른 세상이었다. 여전히 비가 내리고 있었다.

카페에 앉아 휴대폰을 연다. 진지한 모습, 같은 표정과 같은 포즈의 사진들이 가득한 사진방에서 색다른 내 모습을 찾아본다. 잊고 살았던 굵게 패인 나이테가 점점 제 나이를 찾아가고, 다시 에너지를 얻으러 옛날 사진까지 꺼내 본다. 사진을 볼 때마다 나도 모르게 떠올리는 화두 같은 동화가 있다. 강소천 선생님의 '꿈을 찍는 사진관'이다. 잠이 들면 그리워하던 어릴 적 친구를 만나게 되는 꿈을 꾸고 그 장면을 찍을 수 있게 되는 사진관은 어린 내 가슴에 현실처럼 들어앉아 기대를 갖게 했다. 사진사의 지시에 따라 포즈를 잡고 플래시 불빛에 눈 깜빡일까 조심하는 빛이 역력한, 흑백사진 속 수줍은 눈동자에서 아직도 그때 그 꿈을 본다. 꽃이나 예쁜 잎으로 꾸며진 채 흑백사진 속에 아직도 살아있는 내 꿈들이여.

 사진을 찍을수록 기대 속의 내 모습과 점점 멀어져가는 나이가 되었다. 내 모습을 자신이 책임져야 한다는 나이의 경계선도 한참을 넘어왔다. 자신 있게 나를 들여다보지 못하는 사이, 느는 주름살 개수보다 더 빠르게 굳어가는 감성을 그러려니 받아들여온 세월이 처량하다. 차렷, 렌즈를 의식하며 어색하게 웃고, 같은 표정, 같은 자세로…. 디지털 카메라에 이어 휴대폰 카메라를 쓰느라 사진사와 사진관이 어루만져주던 꿈꾸던 영역을 까맣게 잊었다. 돈과 명예가 이루어줄 줄 알았던 꿈은 그것의 크기와는 반비례하듯 설렘과 환희가 쪼그라들고, 바쁜 시간에 쫓기며 불투명한 안경알에 나를 가두었다.

 염탐하듯 둘러보았지, 새롭다는 표정을 하고서. 투명한 우산을 들고, 늙수그레한 아줌마가. 혹시 내게 눈길을 주는 사람이 있었다면 나야말로 수상하였겠지. 이모가 여권사진을 찾아왔다. 이마도 두 귀도 다 드러내야 하는 한계가 있어서이겠지만 평소 이모의 미모는 온 데 간 데 없다. 각색을 못하는 성미라 머뭇거리는데 이모부가 카페 탁자 밑에서 내게 발로 신호를 보낸다. "예쁘고 단정하게 잘 나왔네." 그제야 맞장구를 치며 나도 거든다.

  비가 그쳤다. 홍대거리가 반짝거리기 시작한다. 간판 곳곳 네온사인이 켜지고, 나무들은 반짝이 꼬마전구로 짠 화려한 옷을 걸친다. 다음에 이곳을 다시 찾는다면 '마음을 찍는 사진관'을 찾을 수 있을까. 좁은 계단을 돌아 입구의 작은 문을 밀치고 발을 들여놓는 순간, 굳어가는 내 마음이 젤리처럼 부드러워지고 핑크빛으로 물들 수 있기를. 요정들 속에서 나도 커다란 토끼 머리띠를 하고 애들처럼 미소 지으며 함께 할 수 있기를. 내 남은 삶에 고운 사진관 하나 간직하게 되기를.

Part 4

엉겅퀴 사내

녹

파란 녹이 낀 구리 거울 속에/ 내 얼굴이 남아 있는 것은/ 어느 왕조의 유물이기에/ 이다지도 욕될까.

영화 〈동주〉를 보았다. 마무리 자막이 크게 일렁였다. 흑백화면에 기록된 시대의 암울함과 젊은이의 고뇌가 시들었던 나의 의기에 불을 붙였다. 일본유학을 위해 창씨개명을 하며 그 참담한 심사와 비애를 「참회록」에 실었다. 침울한 표정으로 나라 잃은 분노의 시절을 하루하루 견뎌내던 그에게 삶은 무시로 닦아야 할 청동거울 같았으니. 그는 그가 살았던 시대를 기억하는 이와 기억해야 하는 이들에게 길을 가르쳐주는 하나의 나침반이 되었다. 죽는 날까지 하늘을 우러러 한 점 흔들림이 없기를 그는 기도하였다. 붉은 바늘이 언제나 북극을 가리키듯, 그의 심장이 눈을 두는 곳은 항상 한 곳이었다.

 갓 열 살을 넘어선 나이에 나는 그의 시를 외웠다. '민족적 저항시인'이란 수식어를 달고 그는 내게로 왔다. 그로부터 '어떻게 살 것인가'하는 물음표는 수시로 내 영혼을 두드렸다. 시집 『하늘과 바람과 별과 시』 초판본 표지에는 한 송이 연꽃이 우뚝하다. 내 안에서 그의 시는 청정한 꽃이 되었다. 그의 시를 암송하며 나이를 먹었고 정신을 키웠다. 우리 모두는 잊어야 할 것, 잊지 말아야 할 것을 안다고 나는 굳게 믿었다. 왜 줄기가 꺾이면 안 되는지, 왜 정신이 좀먹지 않도록 잊지 않고 녹을 닦아야 하는지 모두들 뼈에 새기고 있다고 생각했다. 남은 이들이 잘 챙기고 있고, 그 정신을 후손에게 잘 전해주어야 한다고 기회 있을 때마다 목소리에 힘을 실었다.

 '창씨개명 미화 시 수록 시집 중고교에 배포'라니. 네이버에서 신문기사를 검색하다가 눈이 휘둥그레졌다. 일제강점기도 아니고 이게 무슨…. 한 광역지자체가 '세계 책의 수도'가 된 기념으로 발간하여 각 학교와 도서관에 배포한 시 선집이 문제의 핵심이었다. 공공기관이 세금을 들여 그 일을 주도했다는 것이 믿을 수 없어 몇 번을 다시 읽었다. 해당 시인은 그 지역의 원로라 할 만한 사람이었다. 나도 모르게 마우스를 세게 쥐었는지 손목이 당겼다. 커서가 아래 위를 오르내리며 불규칙하게 떨었다.

청송파씨靑松波氏, 푸른 소나무와 파도라. 초등학교 시절, 창씨개명을 한 선생님의 이름이 예뻐 감탄하고, 그것을 가슴에 품고 자라 시인이 되었다는 것이다. 아름다운 자연을 뜻하는 이름일 뿐이라며 작가는 억울하다 한다. 아무 것도 모르는 채로 선생님의 이름이니 아이의 마음으로 그때는 가슴에 품을 수도 있다 하자. 자라서 어른이 되고, 사회의 한 역할을 해내고, 시집을 내면서도 어찌 그리움으로 그 시절을 노래할 수 있단 말인가. 일제강점기도 수월하게 눈감고 지낼 수 있었더란 말일까. 시인이라. 문화예술자문위원이라. 헐거운 정신으로 허름한 역사의식을 걸치고서도 후손들에게 내로라하는 슬픈 자화상을 어찌 보아야 할까.

닦아야 할 놋그릇이다. 일제강점기를 겪었고, 격동의 혼란기를 지나 사회의 원로로 지나온 세월만큼의 의식을 쌓은 어른은 이제 초등학교 삼 학년의 철없던 그 시절이 아쉬운 것일까. 아니면 창씨개명을 권유받은 딸이 기특해 담임교사의 개명한 이름을 붓으로 쓰며 계속 감탄했다는 자신의 아버지가 그리운 것일까. '靑松波氏란 이름을 품고/ 詩를 꿈꾸는 소녀가 되었고/ 지금도 선생님은 나의 詩人이시다.'라는 시구에 이르러 시인은 독자들 앞에서 속절없이 무너진다. 녹이다. 시인도, 그 시를 선택하고 감수한 자문위원들도 지우지 못한 녹이다. 몇 십 년을 피멍이 들도록 닦고 또 닦아내려던 그 녹이 다시 퍼렇게 살아나오는가.

큰 집 마당에 놋그릇이 쌓였다. 제사를 앞두고 꺼낸 놋그릇이 멍석에 부려지고, 어른들이 손에 짚을 뭉친다. 잿개미 한 줌 묻혀 쓱싹거리면 묘하게 빛을 발하던 놋그릇이 신기했다. 닦아서 제쳐놓은 그릇에는 희뿌연 물기가 돌았다. 제대로 도움이 못 되는 나는 나뭇가지로 이리저리 휘저어 낙서도 해보고, 거들고 싶어 빙빙 주위를 맴돌았다. 퍼런 녹이 금속의 광택을 가리지 못하도록 문지르고 또 문지르던 그 작업 후에 제상에 놓인 반짝거리는 그릇의 광채는 또 얼마나 신기했던가. 그런데 어이없이 그 녹을 마신 것인가.

수인번호 475를 앞가슴에 단 사내가 피를 토한다. 외마디 소리를 지르며 괴로워한다. 밤이면 밤마다 손바닥으로 발바닥으로 닦아대던 구리거울 속 슬픈 뒷모습을 남기고, 시인은 스물아홉 아까운 나이에 갔다. 화면 속 동주의 눈빛에 내 감정을 몽땅 실었다. 눈앞에 펼쳐진 윤동주의 연보를 애써 읽으려니 눈에 괸 눈물이 둥글게 뭉쳐지고, 유독 참회록이 크게 보인다.

밤이면 밤마다 나의 거울을
손바닥으로 발바닥으로 닦아보자

윤동주의 청동거울은 깨끗해졌을까. 그의 탄생 100주년 기념 행사로 추모의 물결이 이어졌지만 아직도 거울은 흐리다. 녹청이 해독을 입히지 못 하도록 문지르고 또 문질러대던 그 작업은 아직도 마무리되지 못하였지 싶다. 언제쯤 뚜렷한 자신의 모습을 볼 수 있을까. 시대가 변했건만 아직도 꿈틀거리는 부끄러움, 그 녹을 벗겨내야 하는데.

엉겅퀴 사내

보라의 반란이다. 보라 뭉치꽃, 엉겅퀴였다. 어릴 적에 내가 가장 좋아한 색깔은 보라색이었다. 아끼던 수첩에 실려 있던 색깔점에 따르면 보라를 좋아하는 사람은 예민하고 병약하다고 하였다. 꿈보다 해몽이라. 소녀 취향을 만족시켜주던 그런 해석에 신비함을 얹어 내 보라색 크레파스는 다른 것보다 훨씬 빨리 닳았다. 엉겅퀴의 꽃만큼은 붉은 색을 섞어 더 진하게 칠했다. 붉은 보라꽃에 진보라로 세로줄을 죽죽 그으면 엉겅퀴의 기상이 살아나고 밋밋한 그림에 생기가 돌았다. 빳빳하게 기를 살렸다.

 어느 봄날, 나물을 뜯으러 나선 길이었다. 엄마가 마른 풀 덤불 속에서 무서운 기세로 푸른 기운을 뿜어내던 큼지막한 풀을 캐었다. 사나운 위용을 자랑하는 톱니 같은 잎을 보며 저걸 어찌 먹을지 걱정스러웠지만 죽에 넣은 엉겅퀴는 부드럽게 목을 타넘었다. 약으로 쓴다며 뿌리째 캐어 말리는 사람들도 있었지만 이해하기 어려운 나이였다. 어린 내 눈에 엉겅퀴는 검을 가진 전사처럼 용감하게 보였다. 봄나물이 쇠기 시작하면 엉겅퀴도 여물어 갔다. 자신을 건드리면 가만 두지 않겠다며 삿대질을 해대더니 유월이면 꽃보라색 꽃이 물음표처럼 둥그렇게 솟았다. 튼튼한 상투형 붉은 꽃이 생소하였다. 그래도 어울리지 않게 고운 색을 가진 엉겅퀴꽃이 어쩐지 안쓰러웠다.

 몇 년 전인가 아버지 산소를 둘러보고 내려오는 길이었다. 잡풀들이 우거진 언덕에서 엉겅퀴가 빛을 뿜고 있었다. 푸른 하늘과 초록 풀들을 배경으로 자신을 봐달라고 용감하게 외치고 있었다. 그 당시 나는 건강과 생계와 진로에 관련된 문제로 매일 밤잠을 설쳤다. 사막 한 가운데에 떨어진 생텍쥐페리가 느꼈을 고독을 생각했다. 모든 문제가 내 손안에 있었고, 내가 짊어지고 가야 할 일들이었다. 세상은 얼마나 두려웠던가. 배낭을 슬그머니 내려놓고 앉았다. 숙연해져서 가만히 들여다보았다. 엉겅퀴가 내 마음속 서릿발처럼 일어나는 가시들을 제 몸에 다 지고 서서 나를 바라보았다. "이 정도인가요", 헝클어진 생각들이 풀자풀자 실타래를 흔들며 가지런히 가라앉았다. 문득 부끄러워졌다. 엉겅퀴의 가시 돋친 쇤 손길이 나를 어루만졌다. 이외로 편안해졌다.

  요즘 엉겅퀴 같은 남자를 매일 밤 만난다. 그는 다리 밑 가수다. 온천천 산책길 중간쯤 세병교 아래 벤치가 그의 무대. 폰에 스피커를 연결해서 틀어놓고 구성지게 노래를 뽑아대는 그 남자의 목소리에서 어릴 적 엉겅퀴에게서 느낀 안쓰러움을 찾아냈다. 두어 곡을 듣고 수영강 쪽으로 갔다가 되돌아왔을 때 그의 노래를 다시 듣게 되면 왠지 운동을 잘 마무리한 것 같아 뿌듯해진다. 그럴 리 없다는 걸 알지만 나를 위해 한 시간의 공연을 마다하지 않은 가수에게 감사하는 것이다. 원래부터 그가 노래에 소질이 있다기보다 많이 부르다보니 노래에 흥을 얹을 수 있게 된 것 같아 더 친근감이 갔다. 추우나 더우나 해를 넘겨 노래를 불러대는 그에게 언젠가부터 팬이 생겼다. 슬그머니 주변 벤치에 앉아 그의 노래를 듣거나 거드는 사람들이 있어 그는 더 힘을 낸다.

  치료 중이라 했다. 열 살부터 천식을 앓았단다. 온갖 노력에도 고치지를 못해 평생을 고생하였다고 하였다. 약 부작용에 시달려 드디어는 일도 제대로 못하게 되었을 때 그는 죽을힘을 다해 노래를 잡았다. 세병교를 찾았다. 쌕쌕거리며 더듬거리던 가사가 해를 넘기자 숨이 길어지고, 곡조를 타더니 몇 년이 지나자 천식이 잡혔단다. 어떤 이는 시끄럽다고 질책하기도 하고, 어떤 때는 신고를 받은 경찰이 와서 제지하기도 하였지만 사연을 듣고는 조금만 하다 가라고 봐주기도 하더란다. 이젠 얼굴 익힌 사람들이 많아 심심하지도 않다고 하였다. 칠십이라는 연륜을 가지면 건강했던 사람도 목소리가 쉬기 마련이다. 평생 시달린 그는 오죽할까. 대장장이가 벼리고 벼려 쨍하는 맑은 쇳소리를 음미하듯 나는 그의 쉰 목소리를 즐긴다. 그는 트로트에 염원을 싣고, 나는 그가 운명에 외치는 소리에 박수를 보낸다.

  북적이던 체육시설이 조용해졌다. 거꾸리에 매달려 밤하늘을 보았다. 만세 자세로 두 팔을 흔들어 척추를 이완시킨다. 목이 쉰 남자가 경건한 염원을 노랫가락에 실어 날려 보낸다. 보드라운 백색 깃털을 단 엉겅퀴 씨앗들이 소망을 담고 바람에 몸을 싣고 비행을 시작한다. 풀자. 풀자. 나는 두 팔을 흔들며 휘이 휘이 소리를 친다. 거꾸로 보니 세상은 더 광활하다. 노랫소리와 나의 찬사와 엉겅퀴의 꼬리털이 세상을 돌린다. 빙글거리며 내 눈앞을 도는 한 무리의 기쁨을 경험하고 나는 슬며시 거꾸리에서 내려온다. 피 돌림이 좋아져서일까. 빌딩을 이고 앉아 무거웠던 머리가 가벼워졌다.

온천천에 밤이 깊었다. 가로등 불빛 아래 키 낮은 꽃들이 잠들고, 초록풀들이 부드럽게 곡선을 그려 그림자를 더 짙게 덮어쓴다. 굴복과 극복은 한 글자 차이려니. 목이 쉰 남자가 몸을 일으킨다.

숨은 다리

"너무 좋다."

여든 아홉 할머니 얼굴이 빛이 난다. 팔걸이가 나지막한 소파에 앉아도 보고 누워도 보며 만족해하신다. 딸들과 손자를 호위병처럼 거느리고 굽은 허리를 애써 펴며 즐겁게 거니는 할머니가 이 팀의 대장이다. 꼼꼼하게 따지고 마지막으로 할머니한테 결재를 받는 그들의 대화 방식에 나도 덩달아 즐거워진다.

딸들이 의논을 했단다. 어머니 근처에 모여 살기로 하고 한 아파트 단지 안에 각기 작은 집을 얻고 수리하고 가구를 들이고…. 왁자한 수다 속에 정이 뚝뚝 떨어진다. 준비하는 과정을 듣는 나도 신바람이 났다. 내 어머니가 쓰실 것인 양 가성비가 높은 가구를 이리저리 궁리한다. 시공할 때 케이크라도 보내고 싶은 마음이다. 육십 대인 언니는 장롱을, 오십 대인 동생은 식탁과 화장대를, 할머니는 소파를 계약하고 일어섰다. 엘리베이터가 다 내려갈 때까지 도란거리는 말소리가 우리 매장을 밝혔다.

할머니의 여생에 동반자가 되어줄 소파에 앉아 본다. 푹신한 등 쿠션에 탄탄한 좌판의 박음질이 뚜렷하고, 네 모서리를 떠받친 다리의 각선미가 돋보인다. 젊은 날 어머니가 아끼시던 화초장 다리가 저리 날렵했었지. 넓고 나지막한 팔걸이는 베개로 안성맞춤이다. 바로 눕고 모로 눕고 손님이 없는 틈을 타서 나도 할머니처럼 누워본다. "너무 좋다." 할머니처럼 소파가 좋아서가 아니다. 건강하신 어머니와 정이 넘치는 딸들이 부러워서 절로 나오는 소리다.

내가 쓴 수필, 「매니큐어」의 주인공 할머니가 돌아가셨다는 소식을 들었다. 빨간 손톱이 이채로운 나뭇가지 같은 손 사진만 남기고 할머니는 곤고했던 삶을 접으셨다. 말년에 그분이 사셨던 동해안에 위치한 치매노인요양원은 외로운 섬이었다. 서울 사람도 여기까지 모시고 와서는 혼자 올라가 버린다던가. 가족으로부터 버림을 받는 순간 할머니의 우물은 말라버린 것 같았다. '좋다'는 낱말을 잊으셨는가. 목이 터져라 우리 공연팀이 새타령을 부르건만 추임새는커녕 박수조차 힘이 없었다. 두어 번 손 부딪고, 다시 늘어뜨리는 그 손에 막내인 신 작가가 매니큐어를 칠해 드렸었다. 춤을 추고 노래를 불러드려도 물기가 돌지 않던 눈동자가 못내 서러웠다.

튼튼한가. 소파의 네 귀퉁이 다리가 모양을 내느라 가냘파 보인다. 걱정스러워 몸을 낮추고 아래를 들여다보니 우람한 다리 네 개가 보이지 않는 가운데를 떠받치고 있었다. 숨은 다리가 할머니의 자녀들이구나 싶어 무릎을 탁 쳤다. 할머니가 몸을 쭉 펴고 누우시며 "너무 좋다."라고 말씀하실 수 있었던 것은 든든한 자식들을 거느린 자신감의 표현이라는 생각을 한다. 자식들의 응원이 없었더라도 할머니는 감탄사를 쓰실 만큼 이 소파가 좋으셨을까. 자식들이 떠받들고 있는 보료 위에 편히 쉴 수 있는 자리가 오늘 할머니의 자리이다. 소파 할머니와 매니큐어 할머니의 노년을 비교하며 숨은 다리를 두드려본다.

며칠 전에 어머니를 보내드렸다. 기억이 예전 같지 않은 어머니를 우리 집으로 모셔온 건 성급한 행동이었나 보다. 사흘을 넘기지 못하고 가방을 싸들고 문간에서 재촉하셨다. "내 집 두고 왜 딸네 집에 사느냐."는 말씀이 단호하였다. 이제 연세 드셨으니 자식 말 들으시라고 목소리를 높이는 내게 역정 내시며 부리나케 아파트 밑으로 내려가셨다. 억지로 모셔온 건 내 마음 편하고 싶은 이기심의 소치였나 싶어 아직도 마음이 편치 못하다. 자식 고생시킬 것 없다며 승용차도 마다하고 기어이 버스에 오르신 어머니가 환한 얼굴로 손을 흔드시는 게 아닌가. 어머니는 지난번에 병원에서 치매진단을 받으셨다. 그날 어머니의 약봉지를 한 보따리 받아들 때처럼 또 왈칵 눈물이 쏟아졌다.

할머니의 말씀이 귓전에서 맴돈다. 내 어머니의 말씀이었으면 얼마나 좋을까. "애야, 너무 좋다." 든든한 숨은 다리가 되지 못하는 자식이 퍼런 눈물을 찍어낸다.

오징어게임

　　많은 것을 내주었습니다. 그래도 나이 제한 없이 편짜고 놀이하던 어릴 적 친구들을 그리워하는 마음만은 아직도 싸매고 있습니다. 그 속에서 진한 우정이 자라고, 승리의 기쁨과 승복의 태도도 배웠거든요. 세계적으로 흥행한 영화 「오징어게임」 속 놀이터는 타고르가 꿈꾸고 우리가 그리워하던 유토피아가 아닙니다. 이기지 않으면 실제로 죽임을 당하는, 놀이 정신이 망가진 비참한 디스토피아입니다. 영화를 본 이후 섬뜩한 두려움에 꿈자리가 뒤숭숭하던 밤도 있었어요. 그런데도 세계적으로 흥행에 성공하고, 지구촌을 들썩이게 한 힘이 궁금해집니다. 호모 루덴스, 인간의 놀이 본능을 명중시켰기 때문이 아닐는지요.

다대포 바닷가에 부산수필문학협회 회원들이 모였습니다. 찰랑이는 바닷물이 우리가 앉은 계단형 방파제를 찰싹이며 핥고 있었습니다. 파래는 물결을 타고 일렁이며 초록을 우려내고, 우리는 따사로운 햇볕을 즐기며 권대근 교수님의 문학특강을 들었습니다. 호모 사피엔스의 본성을 한껏 살려 집중하였습니다. 한 흑구가 보리는 고개를 숙인다고 한 것이나 염상섭이 청개구리의 내장에서 피어오르는 더운 김을 보았다는 것, 누군가 나팔꽃이 밤에 피었다고 한 부분에 대해 진지하게 메스를 가하였습니다. 무료하던 일상도, 요양원에 간 친구 생각도, 떠나지 않는 허리 통증도 잊어버릴 정도로 재미있나 봅니다. 매사 시큰둥한 이즈음에 활기찬 질의응답이 이어진 이유는 무엇이었을까요. 생각을 요리조리 굴리고, 새로운 예를 찾다보니 놀이처럼 다가왔던 것이지요.

진짜 놀이판을 벌였습니다. 아침에 지하철을 타고 오면서는 오징어게임을 한다는데 내가 무슨 놀이를 할 수 있을까 심란했다는 말씀을 하십니다. 몸을 쓰는 힘든 경기를 하지 않나 걱정하셨다는 뜻이겠지요. 진행자가 놀이도구를 꺼내들었을 때 모두 한바탕 웃었습니다. 조그마한 비석 세 개가 상자에서 나왔습니다. 송림 안 야외공연장에서 다대포 후리소리 공연을 본 뒤라 그런지 전래놀이가 더 기꺼운 것일까요. 청년들이 펼쳐놓은 그물의 벼릿줄을 당기던 그 패기를 갖고 와서 더 신나게 손뼉을 쳤습니다. "에에 산자아, 에에 산자아아", 멸치를 후리는 일은 힘 드는 노동이지만 소리로 흥을 실어 놀이처럼 즐기기도 했나 봅니다. 은빛 윤슬이 잔멸치의 파닥임처럼 잘게 반짝였습니다. M작가의 은빛 머리칼도 햇빛 아래 참 고왔답니다.

영화 〈오징어게임〉은 추억 속으로 달려가는 기차표입니다. 대진표가 짜였습니다. 비석을 받쳐놓고 한 개를 걸쳐놓았습니다. 몇 걸음 떨어져서 비석 하나를 던져서 목표를 맞춰 무너뜨리면 됩니다. 내 차례가 되어 한껏 겨누고 던졌습니다. 비석은 바닥에 꼬나 박더니 나동그라집니다. 두 번째도 역시 꽝이었습니다. 할수록 분위기가 고조되었습니다. 생명의 어머니라는 바닷물이 응원하는데도 쉽지가 않습니다. 박수와 탄식이 낭자하니 길 가던 이들이 하나 둘 고개를 들이밀었습니다. 오징어게임이 세상을 풍미한 뒤라 모두들 뭐하는지 척 보면 압니다. 구경꾼들도 함께 분위기를 탑니다. 역시 우리는 한 민족입니다.

　K작가의 동작이 예사롭지 않습니다. 타탁! 소리도 경쾌하게 비석 탑이 무너집니다. B작가도 만만치 않습니다. 결승전은 5판 3승인데 연장전에서 다시 붙었습니다. 마지막 한 개, 다음은 가위 바위 보로 결정할 판이 되었습니다. 잠들어있던 놀이 근육을 깨워 K작가가 유연한 동작으로 팡파르를 울립니다. 환호가 터지고 우승자가 이리 저리 바람을 안고 달리며 춤을 춥니다. 세계의 바다에서 아이가 춤을 춥니다. 승리는 저리 즐거운 것일까요. 진행자가 금시계를 협찬하고 시상까지 하였습니다. 상품을 받은 이도, 탈락한 이도 한바탕 웃음으로 십 년의 젊음을 선물 받은 것 같았습니다.

　바닷가 마을에 아이들이 모였습니다. 엄마가 부르러 나올 때까지 동서남북, 사방치기, 무궁화 꽃이 피었습니다, 달팽이, 삼팔선, 꼬리잡기, 얼음땡, 제기차기, 실팽이, 죽방울, 딱지치기, 공기놀이, 고무줄놀이에 열을 올리던 꼬마들이 모였습니다. 사회에서 제몫을 든든히 하였고, 이제는 은퇴하신 대단한 분들이 옛 실력을 뽐내었습니다. 단체장을 지낸 과거의 영광도, 교수라는 직함도 다 벗어버리고, 개구쟁이 아이가 되어 한쪽 다리를 번쩍 들며 비행기 자세로 비석을 날려 보냈습니다. 나는 잘못 던진 비석이 계단을 개구리처럼 뛰어내려도 날쌔게 잡아왔습니다. 육십 대 아줌마의 뚝심이 빛나는 순간이지요. 그것이 바닷물에 빠질까 봐 막내인 내가 회장이라고 몸을 사릴 계제가 아니었습니다.

다대포 바닷가에 노년의 작가들이 모였습니다. 몰운대를 돌며 청청한 소나무 숲에 풍진을 모두 떨어내었습니다. 얼굴에 화색이 돌고, 점점 눈빛이 살아납니다. 공부하느라 일하느라 그러다가 나잇값에 얽매이고 기운이 쇠해져서 별로라며 내쳤던 놀이 근성이 감성을 깨웁니다. 바이러스 공기 감염을 걱정하며 미루고 미루다가 어렵게 모인 자리였습니다. 수십 년 시간을 거슬러 놀다 보니 추위도 잊었습니다. 바닷물은 찰싹이며 어른아이들을 격려합니다. 방역에 지친 세상이 힘을 차릴 때도 되었습니다.

"끝없는 세상의 바닷가에/ 아이들이 모여 떠들고 춤을 춥니다", 타고르의 시집 『기탄잘리』 속 한 구절을 외워봅니다. 기탄잘리는 '신에게 바치는 송가'라는 말이라지요. 우리의 웃음소리가 윤슬을 타고 놉니다. 물결을 타고 멀리멀리 퍼져나갑니다.

생인손

걸음을 멈추고 돌아서셨다. 약속시간에 늦었지만 상관하지 않고 길모퉁이를 돌아가는 노인 두 분을 급히 따라갔다. 거동이 불편하신지 한 분이 다른 분을 부축하고 계셨다. 가까이 가서 조용히 "선생님."하고 불렀다. 뜻밖인 듯 물끄러미 보시더니 선생님은 환하게 웃으시며 내 이름을 불러주셨다. 나는 금방 열여섯 소녀로 돌아가 그분의 푸석한 손을 꽉 잡았다. 태엽이 순식간에 되감기고 선생님은 40년도 넘은 예전 그 모습으로 내 앞에 서 계셨다.

임태영 선생님은 내가 남해여중 2학년, 3학년이었을 때 담임을 맡으셨다. 셰익스피어 같은 독특한 헤어스타일이 트레이드마크인 점잖으신 분이셨다. 시 해설에 멋들어지게 어울리는 선생님의 목소리를 들으며 나는 시인을 꿈꾸었다. 고전읽기와 글짓기 대회 등 각종 과외활동에 열심이었고, 진주여고에 진학하기 위해 공부를 열심히 해야 했지만 지금 생각해보면 시골학교 생활은 얼마나 여유로웠던가. 빨래대야를 이고 냇가에 가서도, 쑥을 뜯으러 들판을 누비면서도 친구들과 어울리는 시간은 즐거웠다. 하지만 삶은 녹록하지 않아서 수업료 납부가 늦어질 때도 많았다. 그래도 주눅들지 않고 나는 많은 책을 빌려 읽고, 또 글을 쓰기도 했다.

　아버지는 열심히 일하셨지만, 별도의 과외는 꿈꿀 수 없었다. 어떤 친구처럼 큰 거리에 있는 발레학원도 가고 싶었고, 피아노를 치고도 싶었지만 내가 하고 싶었던 많은 일들은 내게는 사치여서 입도 뻥긋하지 않아야 한다는 것을 나는 알고 있었으니. 내 어깨는 늘 처져있었다. 선생님은 한결 같은 눈높이로 우리를 대하셨고, 박봉인데도 동료교사들에게 한 턱을 내거나 학생들을 위해 주머니를 푸는 것을 즐겨 실천하는 대인배의 배포를 지닌 분이셨다. 선생님은 『진학』이란 학생잡지의 구독자 관리를 나에게 맡기셨고, 책값에서 조금씩 셈해주는 수고비를 벌기 위해 나는 명단을 지니고 다녔다. 학력고사를 앞둔 어느 날, 잠시 화장실에 다녀온 내 자리에 새 문제집 한 권이 놓여있었다. "열심히 하여라." 선생님의 글씨가 앞표지에 적혀 있었다. 갑자기 눈앞이 아득해졌다. 나는 그 글자를 오려 소중히 간직하였다.

  졸업을 앞둔 어느 날이었다. 교실에 두고 온 물건이 있어 뉘엿뉘엿 해질 무렵에 학교를 다시 찾았다. 뒷문을 열려다 멈칫 서고 말았다. 우리 선생님의 우렁찬 목소리가 복도까지 들려왔다. 무엇 때문일까. 평소의 나직했던 목소리와는 달리 강경하게 주장을 펴시는 까닭이 궁금했다. 선생님들 사이에 격론이 벌어지고 있었다. 우리 학년에는 중학교를 끝으로 학업을 접어야 하는 친구들이 몇 있었다. 교사로서의 자부심에 대하여, 또 꿈을 펼치기 어려운 제자들에 대하여 토로하는 선생님의 말씀에는 격한 한탄이 담겨있었다. 한참을 벽에 붙어 섰다가 나는 발소리를 죽이며 되돌아 나왔다. 며칠 뒤, 우리들은 졸업식 노래를 부르며 눈물을 흘렸다. 선생님의 생인손이었던 친구들이 제일 많이 울었다. 선생님께 마지막 인사를 드리며, 나는 움츠러든 내 마음 속의 아이를 내보내고 선생님의 연설을 가슴에 품었다.

 나는 과감하게 도시로 진출했다. 도시의 학교로 유학하는 것이 가능한 형편이 아니었지만 내 속에서 나를 밀어대는 힘찬 목소리를 받아들였다. 나도 선생님이 되었다. 환경이 좋지 못했던 바닷가에 위치한 첫 학교부터 결손가정이 많았던 마지막 학교까지 내게도 생인손이 얼마나 많았던가. 긴 교직 생활 동안 나서지 못하고 처진 아이들, 가난으로 힘들어하는 아이들, 상처받은 아이들을 품어주고 놓치지 않으려고 나름 애를 썼지만 굽이마다 멀미가 나고 또렷한 출구를 찾기 어려웠다. 선생님이 등대였다. 부족한 내 능력에 지쳐갈 때마다 떠오르는 것은 그날 빈 복도에서 엿들은 선생님의 진실한 목소리였으니. 힘들어하는 제자를 걱정하시던 선생님의 '애타는 마음'을 나는 마음속 깊이 품었다. 나는 선생님의 안쓰러운 제자였지만, 언젠가는 당당한 모습으로 선생님께 자랑이 되고 싶었다.

 선생님이 긴 말씀 못하시고 고개를 끄덕이신다. 건강이 좋지 않으셔서 이제는 술 한 잔, 밥 한 끼도 대접해 드릴 수 없게 되었다. 전화번호만 남기고 지팡이와 친구에게 몸을 맡기시고, 손을 저어 반갑다 하시는 선생님이 멀어져 가셨다. 선생님의 큰 기대에 못 미치는 제자가 눈가를 훔친다. 미처 여쭙지 못한 사은인사가 눈물에 어룽진다.

신성리 갈대밭에서

해질녘이다. 이 시간은 사람의 마음을 묘하게 가라앉히고 명상에 들게 한다. 고개를 구부리고 온몸에 햇살을 받고 선 금갈대들은 성스러운 의식을 치르는 듯하다. 겸허한 감사의 몸짓들이 일렁인다. 저쪽 금강 너른 물의 잔물구비들이 쉴 새 없이 금빛 갈채를 보낸다. 오르세미술관에서 대면한 밀레의 「만종」에서 느꼈던 숙연함보다 더욱 북받쳐 오르는 감정으로 누군가의 목소리를 듣는다.

"성실히 하루를 보낸 이들이여, 수고하였노라."

기름진 충적토에 갈대가 산다. 힘든 역사 짊어지고 온 흙덩이들과 허한 속 움켜쥔 갈대들이 모여 마을을 이루었다. 허리가 꺾일까 봐 이웃의 어깨에 손을 걸었다. 함께 흔들리며 세월을 이긴다. 뿌리줄기 마디마다 수염뿌리를 숱하게 내려 흙을 단단히 얽어매고서 그늘을 만들고 사나운 물결을 잠재워 생명을 키운다. 골골이 사랑 스민 자리에 왕집게발 갈게 가족이 깃든다. 갈꽃들이 수줍어하지 않고 은빛 목덜미 흔들며 구애의 노래를 부르는 날, 후두둑 날아오른 철새떼를 볼 수 있다면 얼마나 좋을까. 그 풍경 속에서 한번쯤 잊었던 사람을 추억할 수도 있으련만.

머리를 푼다. 묶어둔다는 것은 초겨울의 갈대숲 속에서는 어울리지 않는 일인 것 같다. 헐렁한 옷자락 속에 바람을 잔뜩 넣고 머리카락을 휘날리며 걸어보는 것이 어떨까. 휘날리는 건 바람 때문만은 아니다. 탯줄이 잘리는 순간부터 묶이는 건 싫었다. 마음도 갈대처럼 휘청거리도록 그냥 두어라. 먼 포구 쪽으로 눈길을 두어보자. 뜻하지 않은 반가운 이가 안겨들지도 모른다. 사랑일 수도, 추억일 수도, 희망일 수도 있을 터이니. 여정에 쫓겨 어쩔 수 없이 맞춰진 시간이었다. 하지만 오래 전에 나의 방문은 예정되어 있었는지도 모른다. 이토록 친숙하고 향긋한 것을 보면.

갈대밭에서는 나락을 타던 마른 논에서 뿜어 나오던 볏단 내가 난다. 숨바꼭질을 하다 숨은 낙엽더미 뒷자리에서 치마에 붙은 검불 내가 난다. 빈 논의 짚동가리 속에 기대어 앉았다 일어서면 왠지 모를 아련함에 뒤돌아보게 하던 그런 냄새가 난다. 오래 전에 암사동 선사거주지에서 신석기시대 혈거주거를 본 적이 있다. 이엉을 인 움집에 살던 원시인들은 인류의 조상, 호모 사피엔스들이었다. 인연 따라 몇 번의 환생을 거쳐 다다른 이곳 신성리 갈대밭 가운데서 나는 오랜 세월 전 소박하던 옛집의 냄새를 떠올리게 된 것은 아닐는지.

놀의 포용력을 보아라. 옅은 잿빛으로 물든 갈꽃의 솜털조차 붉게 물들었다. 갈의 몸속에는 원래부터 자주라는 색이 살았었다. 불그레하던 꽃은 이제 자갈색으로 변하였지만 몸에 남아있던 자주가 풀려 놀을 붉혔을까. 포슬대며 일어서는 작은 소리들이 거친 잎새 틈에서 스며 나와 군무를 춘다. 스르륵 스르륵 자기들이 일으키는 성근 바람에 몸을 맡긴다. 단단해진 내 마음도 풀려 어느새 그들을 따라 움직인다. '갈꽃'이란 말을 소리 내어보면 그 하얀 손짓에 어울리지 않게 서글프기도 하고 이마를 차게 식히는 설렁한 한기가 느껴지기도 한다. 멀리 시선을 두면 놀에 물드는 갈대숲은 부드러운 모포가 되어 마음을 감싼다.

역시 혼자여야 한다. 안에서 가라앉은 내 소리를 끄집어내고 싶다면 서걱이는 갈잎 부딪는 소리만 조용히 들을 수 있어야 할 것 같다. 신경림 시인이 '언제부턴가 갈대는/ 속으로 조용히 울고 있었다'고 노래할 수 있었던 것은 스스로 갈대가 되어 귀 기울이는 것이 처음이고 끝이었다. 갈대숲을 한참 걸어 강변에 닿았다. 이곳에 서려면 갈대와 같은 마음으로 서야 하지 않을까. 속이 비어 스산한 소리를 질러대는 갈대 곁에서 마음을 비워보자. 먼지 하나 없이 비우고 나면 금강의 물빛을 가득 채우자. 흔들리는 물비늘까지 아로새겨 오래오래 충일한 느낌만 마음속에 가두어두자. 살다가 채운 것이 힘겨워지면 다시 이곳 신성리 갈대밭에 혼자 오리라.

카메라를 켠다. 액정을 가득 채운 삭막한 색채를 본다. 연한 황토, 미색, 바랜 갈색 등 채도가 확 떨어지는 화면은 어쩌면 빈 것 같은 생각을 하게 한다. 하지만 조금씩 밝기를 다르게 하며 화면 가득 빈틈없이 들어찬 생명의 몸짓들, 시인들은 그들의 손짓에 감동했었다. 튀는 이 없이 조화롭게 어울린 민초들이 모여 삶을 꾸린다. 번잡스런 짱뚱어, 음전한 갈고둥까지 갈무리하며 갈대는 한 허물을 벗어간다. 겨울이면 십만여 평의 갈대밭에 십만의 철새들이 모여드는 곳, 고니와 청둥오리, 검은머리물떼새가 만들어낼 장관에 나도 동참하고 싶다.

강물은 거절을 모른다. 받아들이고 싶지 않은 탁한 것들일지라도 품고 녹여 함께 간다. 이 안쓰러운 순례자에 발을 담그고 갈대는 결심하였다. 내가 거름판이 되리라. 사람들은 그들에게 정화식물이란 훈장을 달아주었다. 시화호로 흘러드는 하천의 물을 거르기 위해 안산시가 인공으로 대규모 갈대습지를 만들었다는 소식을 들은 적이 있다. 갈대는 조금씩 여위어져서 이제는 속이 비었다. 한참을 갈대숲에 이는 바람 속에 서 있었다. 황망한 내 욕망과 걱정들이 내게서 떨어져 나왔다. 행여 빈 갈대 속에 그것들이 들어앉을까 염려되었다. 무심한 표정으로 갈대들이 속삭인다. "잊어버려. 잊어버려." 흔적 없이 처리해준 그들에게 정다운 눈길을 보내본다. 이제 나도 그들과 어깨를 겯고 함께 바람을 탈 수 있을 것 같다.

구도자의 마을에 해가 지고 있었다. 모두가 깃든 곳으로 돌아가야 할 시간이지. 바람도 숨죽이고 물굽이도 스러졌다. 가벼운 발걸음으로 인사를 고하였다. 온전히 비우고 왔다고 생각한 내 마음에 그리움이 살포시 깃들어 따라온 줄을 그때는 몰랐다.

사랑의 방정식

　　　　사랑은 도처에 널려 있다. 길거리에 걸린 포스터 속에도, 잠시 들여다 본 텔레비전 화면에도, 자전거를 끌고 나간 공원의 벤치에도, 멋진 풍광 속에 들어선 서양풍의 낯선 숙소에도, 지나다 우연히 고개를 돌린 성당의 성모상 앞에도 사랑은 있었다. 모두가 다른 모습이면서 또, 같은 모습을 한 사랑이 여기도 저기도 숨 쉬고 있었다.
　한편으로 사랑은 아무리 보아도 없었다. 소리를 질러대며 여자를 윽박지르는 남편, 남자의 약점을 콕콕 찔러대는 부인, 신분

상승의 기회로 남자를 잡으려는 여자, 여자를 이용하여 자신의 목표를 달성해 보려는 비겁한 남자에게 사랑은 그저 숨바꼭질하듯 놀려대는 신기루일 뿐이었다. 진실한 척 흉내를 내보려 애썼지만 결국 들통 나고 마는 거짓 사랑만이 이곳저곳에 널려있을 따름이었다.

올 겨울 첫 나들이로 가천 다랭이마을을 찾았다. 이곳에 오는 여행길은 내게는 늘 사랑을 찾으러 오는 길이 된다. 힘이 들 때 곰살거리는 손바닥만 한 논들을 멀찍이서 보고 있노라면 삶에 대한 지극한 염원을 느낄 수 있어 몇 번을 보아도 그 언덕과 그 바다가 다르게 보이기 때문이다. 남해의 푸른 물결을 보고 올라오는 길, 눈앞을 가로막는 거대한 남근석 앞에 섰다. 흰 천을 두르고 선 그와 임신부의 모습을 한 암바위의 영토에 서서 사랑을 생각한다. 하나 더하기 하나는 셋. 그렇다. 그들은 적어도 물리적인 면에서는 셋이 될 것이다. 결혼을 하고, 사랑을 하고, 아기를 낳고…. 하나에 하나가 더해져서 그들은 어떤 형태의 사랑공식을 이루었을까.

1+1=1이 된다면 둘은 일심동체가 되었다고 볼 수 있겠다. 생각과 꿈이 다른 개인들이 만나 한마음 한 몸을 이루었다면 그들

은 행복할 수 있을까. 부부는 일심동체란 말을 하지만 둘 다 자신을 버려야만 이룰 수 있는 상태가 그것이 아니던가. 일심동체란 말에서는 눈물의 냄새가 느껴진다. 한 집안의 장손으로서, 아들로서, 며느리로서, 어머니로서 해내어야 할 책무에 묶인 삶의 고뇌에 대해 얼마나 많이 들어왔던가. 집안의 체면을 위해, 전통의 계승을 위해 솟을대문 안에 갇히는 삶은 사극의 단골메뉴가 되었다. 현대극에서는 자식과 며느리를 좌지우지하는 부자 어머니의 손바닥 위에 선 나약한 부부들의 모습에서 $1+1=1$의 상태를 느낀다. 희생이라는 강요받은 고고함 때문에 한숨받이 삶을 사는 것보다는 차라리 $1+1 \neq 1$이 되길 바라는 것이 옳으리라.

   $1+1=1.5$가 되기도 한다. 한 쪽의 희생을 딛고 이루어가는 사랑은 자연수를 이루지 못한다. 평생 만족하고 살 수도 있겠으나 자신을 낮추고 꿈을 접지한 사람이 어찌 삶을 완전하게 만들어 갈 수 있을까. 내면에 있는 숭고한 잠재력을 꾹꾹 눌러 가며 엮은 삶은 가슴앓이로 남게 될 위험이 있다. 가천 수바위 만큼이나 장대한 배우자의 기에 눌려 살아온 전통적인 여인들의 삶은 한으로 점철되어 있다고 해도 과언이 아니지 싶다. 삼대독자 집안에 시집가서 아들을 낳겠다는 일념으로 무려 열 명의 자녀를 낳

은 친구의 엄마가 동네 사람들의 입에 오를 때마다 가슴이 답답하였다. 잘나가는 남편과 결혼하기 위해 시댁의 압력에 못 이겨 결혼과 동시에 전문직을 접는 내 친구의 모습에서 완전한 자연수 1이 0.5로 줄어드는 서글픈 현실을 보았다. 하늘을 찌를 듯 솟아있는 수바위와는 대조적으로 밭두둑에 비스듬히 방치된 듯 기대 누운 암바위의 낮은 처신에서 1+1=1.5를 보았다.

내가 아끼는 후배 내외는 맞벌이 부부였다. 생활비를 똑같이 부담하고, 나머지는 각자 저축도, 소비도 알아서 하고 서로 간섭하지 않는 삶을 살기로 약속을 하였다. 그들은 자신의 삶을 양보하지 않고 혼자일 때와 마찬가지로 살아갔다. 상인들의 말로 하자면 본전치기인 셈이라 할 수 있겠다. 얼핏 자유롭고 행복한 듯 보이는 것도 잠시, 그들의 결혼생활은 문제가 생기고 말았다. 철저히 자신만의 삶을 살면서 상대방의 영역을 들여다보지 않는 방임형의 삶이라면 함께 할 필요가 무엇이 있을 것인가. 1+1=2가 되는 삶도 행복으로 가는 길은 아니었다.

어떤 사랑이 좋을까. 한 남자와 한 여자가 만나 모두가 바람직하다고 말해 줄 관계를 이룰 수는 없는 것일까. 벌은 꽃에게서 꿀을 따지만 꽃에게 상처를 남기지 않는다. 오히려 열매를 맺을 수 있도록 도와준다. 꽃도 꿀을 벌에게 나누어주지만 자신의 열매를 알차게 맺어낸다. 내 몸 안에, 가슴 속에 배려와 이해의 우물을 깊이 파 놓고 아낌없이 나누어 주는 사랑을 한다면, 꽃과 벌처럼 좋은 상생의 삶이 보장되지 않을까.

1+1=3이 된다면 어떨까. 나와 너의 삶은 서로의 존중 속에 그대로 유지된다. 그리고 하나 더, 새로 생긴 울타리로 인해 '우리'라는 더욱 발전된 하나의 관계가 추가되는 그런 만남이라면 두려움 없이 결혼서약을 해도 좋지 않을까. 나는 네가 아니고 너도 내가 아니다. 서로 인정해주고 격려해주고 조언해주고 기회를 만들어주어 더 나은 삶으로 이끌어준다면 1+1=3이 된 주인공들은 행복할 수 있을 것이다.

며칠 전 동생네서 뵈었을 때, 연로하신 내 어머니는 대학에 입학하는 손자 녀석에게 학교에 가면 여자친구를 사귀어야 한다고 은근히 압력을 넣으셨다. 시골 동네에 마흔을 넘기고도 혼자 사는 노처녀, 노총각을 손가락으로 꼽아보면 한 손을 다 채울 정도이고, 이혼으로 인해 혼자 사는 사람들도 여럿이다 보니 어찌 걱정이 되지 않으실까. 여러 가지 이유가 있겠지만 적령기를 넘기고도 혼자 사는 까닭을 마인드 맵 해 본다면 한 생각가지에 이렇게 써넣을 수 있을 것 같다. '1+1=3의 미학을 깨치지 못함'이라고. 자신의 풍선을 최대한 부풀려놓고 팽팽하게 부푼 다른 풍선을 안으려고 하면 서로가 조금씩 공간을 넓히지 않고서는 공존할 수 없다는 것을 모르는 이는 없지 싶다.

에리히 프롬은 인간이 지니는 '관계의 욕구'를 해결하는 바람직한 방법으로 사랑을 들었다. 그가 말하는 사랑은 이해와 존중, 보호와 책임을 속성으로 하는 그야말로 완전한 사랑이다. 살기가 어려워질수록, 산술적인 개념이 앞서는 법이다. 1+1=1이라는 집착적, 종속적, 실정법적인 관계나, 1+1=2라는 산술적, 세속적 관계가 아니라, 1+1=3이란 영적 관계, 사이의 미학이 존재하는, 그래서 배려가 바탕이 되는 관계 초월적 상태가 가장 바람직한 부부관계라는 생각을 한다. 자신의 삶에 주인공의 역할을 하면서도 상대방이 가치를 지향하는 자유로운 삶을 살아나갈 수 있도록 배려와 이해를 깔아준다면 누군들 감동하지 않을까. 철학자 라캉이 말하는 '간격'이나 '사이'를 인정하려는 태도가 필요한 부분이라 하겠다.

나르시시즘에 돌을 던지는 사람만이 함께 가는 인생길의 진정한 동반자가 될 수 있을 터, 옆구리가 허전하다고 아무나 손을 잡을 수는 없는 일이 아니겠는가. 결혼한 것을 후회하면서 자신의 삶을 누르고 사는 것, 성급하게 한 결혼을 못 견뎌 인연의 끈을 끊는 것 둘 다 바람직하지 않은 것을 잘 알면서도 쉽게 그 길로 들어서는 사람이 많은 것은 왜일까. 아집의 울타리를 걷어낼 수 없다면 자신만의 울타리 속에서 혼자 사는 게 더 나은 선택이지 싶다.

  1+1=3, 비록 수학시험에서는 틀린 답이 되겠지만 결혼의 방정식, 사랑의 방정식에서는 그것이 정답이지 않을까.

愛の方程式

　　愛は至るところに散在している。路上に貼られたポスターの中、それとなく目に留まったテレビの一場面、自転車を走らせて行った公園のベンチにも、きれいな風景の中に建つ西洋風の見慣れないペンション、通りすがりに偶然振り返って見た聖堂の聖母像の前にも愛はあった。すべて違う姿でありながら、また同じ姿をした愛があちこちに生息をしていた。

　一方、愛はいくら探しても見当たらなかった。大声を張り上げ妻を怒鳴りつける夫、つくづく男の弱点を指摘する妻、裕福な生

活を願っていい男を捕まえようとする女、女を利用して自分の目標を達成しようとする卑怯な彼らに愛はただかくれんぼしてるかのようにからかう蜃気楼に過ぎなかった。真実のふりをしようと努力して見たが、結局ばれてしまうと言う偽りの愛だけがあちこちに散らばっていた。

今年の冬、初めての外出で慶尚南道、南海郡加川(カチョン)にある タレンイを訪れた。ここに来る旅の目的は私にとっていつも愛を探す旅路だ。疲れた時は掌ほどの田んぼを遠くから見ていると、人生に対する至極の思いが感じられ、何度見てもその丘とその海が違って見えるためだ。南海の青い波を見ながらの登り道、目の前を遮る巨大なナムグンソク(男性のシンボル石)の前に立った。起源の象徴である白い布を巻いて立った彼と妊婦の姿をした岩石の領土に立って愛を考える。1+1 = 3　そうだ。彼らは少なくとも物理的には3人になるだろう。結婚し愛し合って、赤ちゃんが産まれたら…。1に1が加わり、彼らはどんな形の愛の公式を導いただろうか。

1+1=1になれば、2人は一心同体になったと言えるだろう。考えと夢が違う個々の人が出会いひとつの心、ひとつの身体になって

いたら、彼らは幸せになれるだろうか。夫婦は一心同体とも言うが、二人とも自分を捨ててこそ成し遂げられるものではないか。一心同体という言葉からは涙の匂いがする。一家の長男として、息子として、嫁として、母親としてやり遂げなければならない責務に縛られた人生の苦悩について、どれだけ多くのことを耳にしてきたか。家の体面のために、伝統を継承するためソスル大門(権威の象徴といわれた両班家の門)の中に閉じ込められた人生は時代劇の定番メニューとなった。現代劇では息子とその嫁を思うがままにする金持ちの母親の掌の上で転がされる弱々しい夫婦の姿は、「$1+1=1$」の状態を感じる。犠牲という強要された孤高のためにため息をつく人生を送るよりはむしろ$1+1\neq1$になることを願うのが正しいだろう。

　$1+1=1.5$　になることもある。一方の犠牲を乗り越えて成す愛は自然数を満たすことができない。一生満足して生きることもできるが、自分のことを後回しにして夢を見送った人がどうやって人生を完璧に描いていけるだろうか。内面にある崇高な潜在力をぐっと押さえながら送った人生は胸の痛みとして残る可能性がある。加川(カチョン)にある水岩ほど壮大な配偶者の気に押されて

生きてきた伝統的な女性たちの人生は恨で綴られていると言っても過言ではないだろう。三代続くひとり息子の家に嫁いで息子を産むという一念で、何と10人の子供を産んだ友人の母親が町内の人々の口に上がる度に胸が苦しかった。　よく稼ぐ男性と結婚するため、男性側の実家の圧力に耐えられず、結婚と同時に仕事を辞めた私の友人の姿から、完全な自然数1が0.5に減ると言う悲しい現実を見た。空を突くようにそびえている雄岩とは対照的に、畑の土手に無造作に放置されたように寄りかかって横になった雌岩の哀れな姿から1+1=1.5に思えた。

　私が大好きな後輩夫婦は共働き夫婦だった。生活費を同じように負担し、残りは各自貯蓄も消費も自ら行い、互いに干渉しない人生を生きることを約束した。彼らは自分の人生を譲らずに一人でいるときと同じように生きていった。商人たちの言葉で言えば、損も得もなしと言える。一見自由で幸せそうに見えるのもつかの間、彼らの結婚生活には問題が生じてしまった。徹底的に自分だけの人生を生きながら相手の領域には入り込まない放任型の人生なら、敢えて一緒にいる必要は何があるだろうか。1+1=2になる人生も幸せへの道ではなかった。

どんな愛がいいだろうか。一人の男と一人の女が出会って、万人が望ましいと言ってくれる関係を築くことはできないのだろうか。蜂は花から蜜を摘むが、花に傷を残さない。むしろ実を結ぶことができるように助ける。花も蜜を蜂に配るが、自分の実をしっかりと結ぶ。私の体の中に、心の中に配慮と理解の井戸を深く掘っておいて惜しみなく与える愛ならば、花と蜂のような良い共生の人生が保障されるのではないだろうか。

　1+1=3になったらどうだろうか。お互いの人生を尊重しながら維持される。そしてもう一つ、新しくできた垣根によって「私たち」よりいっそう発展した一つの関係が追加されるような出会いであれば、躊躇することなく結婚誓約をしても良いのではないか。私はあなたのものでもなく、あなたも私のものではない。お互いに認め合い励まし、助言し機会を作り合うことでより良い人生を送ることができるのであれば、1+1=3になった主人公達は幸せになれるだろう。

　数日前、弟の家で会った時、年老いた私の母は大学に入学する孫に、学校に行ったら彼女を作るべきだと密かに圧力をかけた。片田舎で40歳を過ぎても一人で暮らす女性や、男性を指で挙げて

みても片手で全て満たすほどであり、離婚して一人で暮らす人々も多数いるため、心配することはないだろう。色々な理由はあるだろうが、適齢期を過ぎても一人暮らしをする理由をマインドマップにしてみると、ひとつはこう書くことができそうだ。「1+1=3の美学は悟ることができない。」と。自分の風船を最大限膨らませておいて、張り詰めた他の風船を抱こうとすると、お互い少しずつ空間を空けなければ、共存できないということを知らない人はいないだろう。

　エーリヒ・フロムは人間が持つ「関係の欲求」を解決する望ましい方法として愛を挙げた。彼が言う愛は理解と尊重、保護と責任を属性とするとまさに完全な愛と言うことだ。暮らしにくくなるほど、算術的な概念が先立つものだ。1+1= 1 という執着的、従属的、実定法的な関係や、1+1＝2 という算術的、世俗的な関係ではなく、1+1= 3 というスピリチュアルな関係、認め合いの美学が存在する。だからこそ配慮が基礎となる関係が最も望ましい夫婦関係であると言えるだろう。自分の人生が主人公の役割をしながらも、相手の価値を志向する自由な人生を生きていけるよう配慮と理解を築いていければ、誰もが感動するのではないだろう

か。哲学者ラカンが言う「距離感」や「間柄」を認めようとする態度が必要な部分だと言える。

　ナルシズムに一石を投じた人だけが共に歩む人生の真のパートナーになれるはずで、心もとなく寂しいからといって誰もが手を握ることはできないのではないだろうか。結婚したことを後悔しながら自分の人生を諦めて生きること、せかされた結婚話に耐えられず縁を切ること、どちらも良くないことと知りながらも、簡単にその道を選ぶ人が多いのはなぜだろうか。我執の垣根を取り払うことができないのであれば、自分だけの垣根の中で一人で暮らすのがより良い選択であろう。

　1+1=3、たとえ数学の試験では間違った答えになるとしても、結婚の方程式、愛の数式ではそれが正解のではないだろうか。

＊ 作家 宋明花 / 翻訳 福島美代子
＊ 福島美代子は日本の神戸出身。2008年から配偶者の故郷釜山在住。現在ブログを通じて釜山の生活を配信中。

저 다리처럼

바다는 가늠할 수 없는 힘으로 일렁인다. 주눅 들만도 하건만 교각은 굵은 몸통을 곧게 편 채로 의젓하기만 하다. 뿌리를 내린 암반까지의 깊이는 얼마나 될까. 다리는 막내를 이끌어주는 장한 맏이의 마음씀이다. 저 멀리 고립된 작은 섬에 손을 내밀어 육지로 이끌어주는 것이다. 저런 화합의 장에서도 결국 다리를 건널지, 구경만 하고 도로 갈지, 아니면 먼 거리에서 일별만 할지는 내게 주어진 선택지다. '삶'이란 글자를 오래 들여다보면 나는 거기서 '사람'이란 낱말이 걸어나오는 착각을 하기도 한다. 그래서인지 다리 위에 서면 삶이 화두가 되어 둥두렷이 떠오른다. 둥근 거울 하나가 턱 하니 나를 비추는 것이다.

창선삼천포대교를 찾았다. 구순을 바라보는 어머니를 모시고 다리 위에서 바다를 보고 싶었다. 남해는 내 성장기를 보낸 땅, 어머니는 살던 곳을 다시 찾은 감회보다는 툭 트인 하늘과 바다가 좋고, 멋진 다리가 신기한가 보다. 기억이 심하게 무너졌는데도 순간의 체험을 즐거워하며 세상의 아름다움을 누리신다. 당장 오늘 밤에 부산 가서 어머니께 전화로 바다가 어땠는지 여쭈면 그새 잊으시고 "바다 갔더나?" 하실 테지만 말이다. 젊은 날에 어머니는 나에게 단호하게 공부를 주문하셨다. 학비 걱정으로 애를 태우면서도, 이웃과 친척들의 뜨악한 분위기를 막무가내로 무시했던 어머니의 힘은 어디서 나오는 것이었을까. 공부 아니고는 내가 저 바다를 건널 방법이 없다고 여기셨던 것일까.

참 오랫동안 학업을 이었다. 십삼 년을 대학에 학생으로 적을 두고, 여러 학문에 몸을 담갔다. 입주과외를 하던 학부 시절은 물론이고, 밤이면 종아리를 주무르며 눈물을 질금대던 교사 시절도 멈추지 않았으며, 아들 녀석이 입시준비를 하던 전쟁 같은 시간에 나도 함께 공부를 했다. 하고 싶어 했고, 또 시작하면 내 삶

날은 날마다 반짝거렸다. 적극적으로 연수를 받았고, 책을 읽었고, 또 자격증을 따기도 하였다. 요즘도 강의가 없는 날에는 내가 학생이 되어 그 시간 아니고서는 들을 수 없고, 생각하기 어려운 간접경험을 하러 책가방을 챙긴다. 그런 날은 뜻이 통하는 학우들 생각에 아침부터 설렌다.

　'공부' 하면 맨 먼저 떠오르는 분이 공자다. 공자가 이르길 '공부는 하지만 생각을 하지 않으면 길을 잃은 사람이고, 생각은 하지만 공부를 하지 않으면 위험한 사람'이라고 하셨다. 중학교에서 한자를 배울 때 공부工夫의 '공'과 공자孔子의 '공'이 왜 다른지 이해하기 어려웠다. 최진만 교수가 교육방송에서 '배움이 습관이 되면 나를 망친다.'고 한 것도 공자의 가르침과 같은 지적이라 본다. 공부란 남이 해 놓은 것을 익히는 것이라 보기 때문이리라. 조금 방향이 다르지만 지식생태학자인 유영만 교수는 살면서 피해야 할 사람으로 '공부를 멈춘 사람'을 꼽았다. 이들은 다른 사람의 생각을 접해보는 경험이 모자라서 깊이 있는 사고를 하기 어렵다고 하였다. 가고 또 가도 끝없는 길이지만, 내 정체성 찾기의 시작은 공부라 해도 되지 싶다.

　공부란 내 삶의 발이고 눈이었다. 그것은 내 생각의 샘을 맑고 순정한 물로 채운다. 이는 단지 남의 것을 익히는 것에서 끝나지 않는다. 술밥이 누룩과 비벼져서 향기로운 술을 빚어내듯, 내 안의 것들이 어느 날 스위치에 의해 건드려질 때 새로운 생각이 싹 트고 가지를 치며 자란다. 밑천을 쌓는다는 것은 공부를 한다는 것, 생각을 한다는 것, 경험을 한다는 말로 뜻을 매기고 싶다. 중년에 들어 직장과 집안일에 매몰되어 갈 때 옆지기에게서 충고를 들었다. '단지 나사를 깎는 일이라 하더라도 한 가지를 끝까지 파헤치면 거기서 남다른 인생의 지혜가 얻어진다.'는 그 말이 천둥처럼 들려왔다. 나는 곧바로 공부를 다시 시작했다. 국토를 종단하는 먼 거리는 장애가 되지 못하였다. 그 길은 새로운 다리를 찾은 기쁨으로 채워졌다.

 벤자민 버튼의 시계처럼 거꾸로 가는 인생 시계는 판타지에서나 존재한다. 백세시대를 준비해야 한다는데 노화라는 낱말에 그리 의미를 두고 싶지 않다. 생물학적 나이가 내 인생이라는 잔에 고봉으로 담기더라도, 생각의 나이는 잔을 계속 차올랐으면 좋겠다. 흐려가는 눈에 새로운 것들이 충격으로 다가오더라도 내 힘으로 익혀 내가 좋아하는 것을 스스로 할 수 있기를 기대한다. 그저 살기보다 호기심으로 눈을 반짝이는, 그래서 가끔은 몰입의 순간도 맛보는 사람이 되고 싶다. 생각 화원에 거름을 대는 일, 공부라는 친구가 나의 평생 힘이고, 동료고 꿈이라 해도 되지 않을까.

'공부'란 갓바위 같다. 대구 팔공산에서 돌부처 두상의 커다란 돌갓을 처음 보았을 때 나는 면류관을 떠올렸다. 무거운 돌갓을 방편으로 부처의 경지를 찾아나서는 수행자들의 상징이라 싶었다. 야간강의를 마치고 돌아가는 길에 중앙도서관 앞을 지난다. 환한 불빛 덕분에 학생들은 시간을 잊고 기가 죽은 어둠이 세력을 줄이는데 나는 가끔 멈춰서 들여다본다. '오늘 퇴근 후 울산에서 바삐 차를 달려 출석한 김 선생의 옷소매에서는 바람 냄새가 났지.' 석사과정과 육아를 병행 중인 그녀의 얼굴이 푸석하게 보여서 강의 내내 신경이 쓰였다. 모두들 긴 다리를 건너는 중이다. 고독해 보이지만 그들은, 스스로 왕관을 챙겨 쓰고 다부지게 다리를 놓아가는 호모아카데미쿠스들이다. 물 건너 피안을 그리며 한 발 한 발 내딛는 순례자. 문득 고개를 드는 한 여학생의 얼굴 위에 나의 몇 십 년 세월이 파노라마처럼 지나간다.

삶이 유한하다는 것은 어쩌면 다행한 일이라 해야 하지 않을까. 그렇지 않다면 새로 태어나는 인생은 어찌할 것인가. 오늘 우리 마음을 울리던 아름다운 꽃은 얼마 지나지 않아 차가운 땅에 몸을 뉘지만 꽃을 떨궈낸 것은 봉긋한 열매이지 않은가. 최고의 아름다움을 보여주는 짧은 시간 동안 쉼 없이 키운 보람은 천천히 씨앗으로 여문다. 미숙하지만 나도 꽃처럼 준비하는 삶을 산다. 세상 속에서 책 속에서 그것들의 정수를 얻고자 애를 쓰고, 나름의 눈으로 보고 새롭게 풀어내는 글을 쓰고자 밤을 새기도 한다. 흰 머리카락의 수에 반비례하는 기억력과 높아지는 안경 도수에 기가 꺾이기도 하지만 어쩌겠는가. 나는 수시로 "거울아, 거울아." 불러댄다. 부족한 내 창작물도 언젠가는 반디처럼 영롱한 꽁무니등 하나 매달 수 있기를 바라며 나만의 주문을 왼다.

　이번엔 다리를 역순으로 건넌다. 창선에서 출발하여 단항교, 창선대교, 늑도대교, 초양대교, 삼천포대교를 차례로 건넌다. 여러 다리가 하나로 이어져 달리게 한다. 어머니는 작년까지만 해도 맑은 정신으로 아직도 글 쓰냐고 하셨다. 공부하는 거, 강의하는 거 힘들지 않으냐고 물어주셨다. 어머니가 주위의 반대를 뿌리치고 큰딸의 손을 잡고 힘차게 바다를 물리던 그날이 생생하다. 주저하지 말고 푸르게 날아오르라고 엉덩이를 쳐주시던 쨍한 목소리를 어찌 잊을 수 있을까. 학력은 얕았어도 평생 독서를 즐기시던 어머니는 그때도 지금도 낡지 않는 내 견고한 다리다. 내 손을 잡고 함께 건너고자 한 어머니의 다리가 눈에 밟히는 것은 내가 조금이나마 철이 드는 까닭일까. 어머니의 목도리를 다시 묶어 드린다. 잠깐 옛날 생각이 나신 것일까. 이제 그만 쉬라고 하시는 어머니의 당부에 눈물이 솟았다.

   섬과 섬이 다리로 통한 것처럼, 내 삶은 이제 내 부족한 창작으로 연결된다. 언젠가 축성의 기쁨을 누릴 수 있을까. 저 작은 섬들을 하나하나 고립에서 해방시킨 저 다리들처럼.

| 서평 |

심원한 작가정신, 전략적 이중구조

| 서평 |

심원한 작가정신, 전략적 이중구조
- 파동과 입자, 빛의 이중성과 양자역학 이론에 기대어 -

권대근
문학평론가, 대신대학원대학교 교수

I.

송명화 수필을 분석함에 있어서, 가장 먼저 떠오른 분석틀은 양자역학의 이중성이었다. 예술에 있어 복합성은 문학성 판단의 주요한 잣대가 된다. 송명화 교수는 오랫동안 본격수필을 주창하면서 예술수필을 써왔기에 수필을 창작함에 있어서 복잡계 속 사건, 사물, 사람 간의 복잡한 전개양상을 예술구조의 한 방법론인 이중구조로 짜서 형상화했을 것이라는 추론이 가능할 것 같았다. 한강 이남에서 몇 안 되는 본격수필 선두주자의 한 사람으로서 송명화 교수는 우리 수필의 고급화, 본격화를 위한 노력의 결실을 이미 오래

전에 거두었다고 할 수 있다. 일억 원 고료 제1회 김만중문학상을 수필 부문에서 수상했으며, 전남일보 신춘문예 당선이 그녀의 문학적 역량을 가늠하게 해준다. 글을 쓰기 전 그녀는 브레인스토밍이나 마인드 맵 같은 창의적인 방법을 활용하고, 심층구조 단계에서는 주제와 제재의 상관화를 도모한다. 그런 후에 문학작품을 위대하게 하는 철학성을 문학성에 덧칠해서 작품을 완성시켜낸다. 이런 강렬한 제작성을 추구하는 작가의 수필을 조명하고, 그 심원한 수필세계와 구조를 분석해 보려 한다.

송명화 교수는 권대근의 『수필은 사기다』에 실린 본격수필이론을 토대로 『본격수필 창작이론과 적용』이란 본격수필시학론을 펴낸 문학평론가로서 20년이 넘도록 문학공부와 연구를 병행해서 해오고 있다. 대학원에서 문학언어치료학 이론으로 박사학위를 받고 부산교대 교육대학원에서 석사과정 선생님들을 가르치며, 평생교육원에서 수필론을 강의하는 등 교육자로서도 최선을 다하지만 무엇보다도 칭찬할 만한 것은 2004년 창간할 때부터 본격수필전문지 〈에세이문예〉 주간을 맡아 20년 동안 줄곧 봉직하면서, 에세이문예가 대한민국 일등 문예지로 자리매김하는 데 큰 공헌을 했다는 사실이다. 본격문학심의위원회 위원장을 맡아 부적격 수필을 가려내는 등의 수고로 에세이문예지를 22년, 23년 연속 부산문화재단 우수예술지원사업에 선정되도록 한 바 있다. 그녀가 한 길을 고집하는 이유는 하나를 하더라도 제대로 해야 한다는 데 원칙적으로 뜻을 같이하기 때문이다. 문학을 자본보다 앞에 두는 송명화의 이런 행보에 힘입어 20년간 한 호의 결간도 없이 에세이문예는 꾸준히 발간될 수 있었다.

  1998년 부산교육대학교 문예창작반 수필 과정 입문을 시작으로 수필가로 등단하여, 지금은 부산교대 문예창작반에서 수필론 지도교수로서 참신한 후진을 양성하는 일에 매진하고 있다. 수제자에게 수필론 강좌를 물려준 평자는 시론을 가르치고 있다. 송명화 교수는 평자가 위원장으로 있는 한국문학세계화위원회 사무총장으로 한국수필을 영어로 번역해서 한영대표수필선을 내는 일의 실무를 맡고 있다. 한국의 대표적 수필가로서 우리 수필이 영어로 번역되어 해외로 나가지 못한다면 한국문학의 세계화는 요원하다는 자신의 철학을 다지는 차원에서 우리 수필의 번역화사업에 큰 관심을 가지고 있는 재원이기도 하다. 무엇보다도 중요한 것은 우리 수필을 세계에 소개하는 기회를 여섯 차례나 만들었다는 것이다. 평자는 송명화 수필이 하루빨리 영국이나 미국 호주 뉴질랜드 등의 국어교과서에 실리길 바라고 있는데 그 가능성은 상당히 높다고 본다. 겸손은 그녀의 시그니처다. 송명화 작가 하면, 있는 듯 없는 듯 단아하면서도 엄정한 자세로 오직 문학을 위해 걷는다는 인상이 지금도 줄곧 내 뇌리에 강하게 남아 있다.

 우리의 인지시스템은 익숙하지 않는 것은 더 잘 기억하는 법이다. 그녀는 분명 남다른 데가 많았다. 조금이라도 남에게 피해를 끼쳐서는 안 된다는 그런 가치관을 가지고 있으며, 조금의 흐트러짐도 용납하지 않을 듯한 면에서, 그리고 무슨 일이든 올곧은 자세로 반듯하게 확실하게 행하는 데서 엄격한 면이 느껴지나 마음속이나 머릿속 깊은 곳의 열림과 변화, 관용과 포용으로 '다름'을 껴안는 자세로 봐서는 아름다움이 내포한 기본 가치들을 잘 품고 있다고 하겠다. 시대를 관통하고, 지구의 안위를 논하고, 젊은 청년들의 삶을, 불우한 이웃의 아픔을 걱정하고 염려하는 마음이 워낙 크고 그리고 나라를 사랑하고 주변부 타자를 아끼는 마음 또한 크기에 좋은 글을 쓸 수 있는 그릇을 갖고 있지 않나 하는 생각을 해본다. 특히 지구를 염려하는 마음은 크고 깊어 존경심을 불러일으킨다. 항상 한결같음으로 스승에게 존경과 예를 다하는 모습에, 나는 이분이 '작가는 글로 말하고 인간성으로 평가받는다.'는 명제에 딱 맞는 사람이 아닌가하는 생각을 한두 번 해본 게 아니다.

Ⅱ.

 양자 물리학은 파동-입자 이중성 및 양자 얽힘과 같은 상상을 초월하는 개념으로 현실에 대한 우리의 일상적인 이해에 도전하고 있다. 양자물리학의 매력과 그것이 우주에 대한 우리의 이해에 미치는 심오한 영향을 밝히는 작업을 송명화의 본격수필을 읽고 이해하고 분석하는 과정으로 전환하면 어떨까 싶은 생각은 송명화 교수가 수필집을 내겠다고 할 때부터 마음먹었던 것이다. 왜냐하면, 문학성은 구조에서 나오기 때문이다. 이중구조가 주는 송명화 수필의 묘미와 흥미진진성에 벌써 나도 들떠 있다. 나는 양자역학을 공부하면서 파동과 입자 모두로 행동하는 빛의 이중적 특성과 같은 개념에 신기해하면서, 우리의 지식에 한계를 부과하는 양자역학의 불확정성 원리를 수필의 이중구조와 귀납추론의 원리나 주제의 내면화 원리와 연결할 수 있다는 결론에 도달했다. 양자 영역의 비밀을 밝히고 이 매혹적인 과학 분야의 경이로움을 송명화의 본격수필 분석 영역으로 치환해 본격수필의 창작원리를 이해하는 이 여정에 독자 여러분을 초대하고자 한다.
 뉴턴 역학에 기초한 고전 물리학이 양자 물리학의 새로운 영역에 자리를 내준 양자혁명 동안 발생한 패러다임 전환을 '사실을 사실대로' '수필은 붓 가는 대로 쓰는 글'이란 전통수필에서 수필은 '제재를 통해 주제를 겨냥한다'는 본격수필에로의 전환에 견주어보면 어떨까. 송명화 수필은 이중구조와 전이 미학으로 분석 가능하다는 측면에서 그 문학의 본격성과 예술성을 확보하고 있는 셈이다. 요즘 공중부양되고 있는 양자역학은 오랜 결정론적 세계관에 도전하고 파동 입자 이중성, 불확실성 및 양자 중첩과 같은 개념으로 우주의 운행원리에 대한 이해에 새로운 지식을 부여하고 있다. 양자 혁명은 물리적 세계에 대한 우리의 이해에 근본적인 변화를 가져왔고 놀라운 과학적 발전과 기술 혁신의 발판을 마련했다. 본격수필이론도 양자역학의 발전과 마찬가지로 교술이라는 전통수필 이론에 도전하고, 기존 수필에 대한 개념에서 전환하여 수필적 허구, 중층구조와 존재론적 의미화라는 새로운 이론으로 현대수필의 옷을 입게 되었으니, 이번 송명화 수필의 분석틀은 앞으로 우리 수필의 본격성과 구조성을 재단하는 척도로 널리 애용되리라 믿는다.

Ⅲ.

예술의 특성 세 가지 기본 요소는 난해성, 복합성, 통일성이다. 이 세 가지 속성 중에서 가장 중요한 것이 복합성이다. 복합성은 기술방법론에서 보면 '이중성'과 같은 말이다. 본론에서 빛의 이중성을 강조하는 '파동-입자'라는 흥미로운 개념을 송명화 수필에 적용해 보려 한다. 빛이 '파동과 입자'의 특성을 모두 나타낼 수 있는 방법에 기대어 그 동작에 대한 기존의 이해에 도전하는 양자역학의 원리를 통해 송명화 수필의 구조를 재미있게 풀어보겠다. 파동-입자 이중성 개념을 뒷받침하기 위해 과학자들은 이중 슬릿 실험과 같은 유명한 실험을 했다. 이 실험은 빛이 어떻게 동시에 파동과 입자로 행동할 수 있는지 보여준다. 촘촘하게 간격을 둔 두 개의 슬릿을 통해 빛을 통과시키면 파동과 같은 행동을 암시하는 간섭 패턴을 관찰할 수 있다. 그러나 광자가 어떤 경로를 택하는지 결정하기 위해 검출기를 배치하면 간섭 패턴이 없는 입자와 같은 동작이 관찰된다. 따라서 빛이 파동-입자라는 이중의 성질을 띤다는 것은 이제 명백해졌다.

송명화 수필의 구조도 마찬가지다. 이중구조로 되어 있어 도토로프의 중층구조이론으로 풀어낼 수 있다. 수필의 창작이나 이해에 있어서 '이중성'의 이론적 배경은 1. 예술의 복합성 원리, 2. 토도로프의 중층구조이론, 3. 언어학의 이중부호원리, 4. 인식과 형상의 복합체란 문학이론에 의해 그 근거를 확보한다고 하겠다. 송명화 수필의 문학적 성취를 드높이는 이중구조는 여러 수필 작품에서 두드러지게 나타나는데, 이들 작품을 토대로 구조미학을 살펴보도록 하겠다. 수필은 새가 하나의 세계인 알을 깨고 태어나듯이 인습과 고정관념을 깨고 태어난 새로운 세계의 열림이다. 한 인간이 이 세상에 태어난다는 것은 새로운 세계의 열림이 아니다. 우리는 단지 예전부터 있어 온 세계, 기성품으로 가득 찬 인습의 세계, 타인의 가치가 규범으로 옭아매고 있는 타인의 땅에 태어난 것이다. 타고난 개성을 바탕으로 새로 탄생하기를 원한다면 낡은 인습과 타인들의 가치로 뭉쳐진 알을 깨지 않으면 안 된다. 기성품의 세계에서의 바람은 오이디푸스의 순응주의와 엄숙주의라는, 남의 기준과 그 가치에 맞춘 또 다른 기성품으로의 삶이다. 이 기성품 세계의 맞은편에는 또 다른 세계의 삶이 있다. 수필 「아마릴리스」는 바로 다른 세계의 삶을 보여주는 작품이라 하겠다.

윤여정은 아마조네스의 전사다. 이혼의 상처를 오롯이 받아들이고 아이들을 안았다. 유명인이기에 그녀의 힘든 가정사를 사람들은 대체로 알고 있었다. 한때는 쉽게 어둠의 그림자를 벗어 내리라 생각지 못해 안쓰러워하기도 하였다. 그녀가 빈 줄기 속에 쓰디쓴 눈물과 아픈 모정과 수많은 대본을 쟁여 넣고 우뚝 서서 세상을 바라보았다. 가열한 삶에서 구한 내공으로 부드러우면서도 강하고, 진중하면서도 재치 있게 말했다. "나를 바깥으로 내몰았던 아이들 덕분에 이 자리에 섰습니다." 무슨 배역이든 맡아 생계를 책임지려 했던 그녀의 시간들이 든든한 지지대가 되어 탄탄대로를 닦는다. 땀과 눈물이 양팔저울의 눈금을 영으로 만들기도 힘들었을 텐데 이제 그녀의 트로피가 땀에 얹혔다. 그녀가 받은 갈채는 세상과 전투를 벌이는 어머니들에게 나누는 비타민이라 해도 될까.

— 「아마조네스, 아마릴리스」 중에서

    송명화 작가가 오랫동안 관찰하면서 키워온 '아마릴리스' 꽃에 대한 수필은 새로움을 추구하는 수필정신과 맞닿아 있어 신선감을 준다. 무엇보다도 전이의 미학을 통한 문학성 견인해내기에 성공한 작품이라 하겠다. 어느 한 부분도 비장함이 묻어나지 않는 데가 없지만, 위 인용 부분은 이 작품의 백미를 보여준다. 주체적 여인이고자 한다면, 유교적, 남성중심적 세상과의 전투는 여성의 운명이 아닌가. 부산수필문학상 수상작으로 뽑힌 이 수필 「아마릴리스」를 쓴 송명화 작가는 실수로 아마릴리스를 '아마조네스'로 인지한 데서 전사의 이미지를 건져내고, '릴리스'를 해방을 뜻하는 영어단어 release로 풀어내었다. 이 수필의 최고 압권은 이 부분이 주는 네오필리아가 아닐까. 그리고 그녀는 아마릴리스를 '얽매임을 끊고 자신의 의지로 선다.'는 뜻으로 읽어낸다. 의미화해 놓고 보니, '날씬하게 뻗어 나온 여섯 개의 수술대와 하나의 암술대가 장엄하게' 보인 다고 하면서 그녀는 윤여정의 이미지를 잘 소화해내고 있다.

　아마릴리스 꽃잎에서 나팔소리를 스캔하고, 진격의 신호로 읽어내고, 윤여정의 삶에 워킹맘으로서 자신의 고되었던 삶도 전사 이미지에 포개어, 궁극적으로는 미의식의 주입으로 독자를 설득하는 데 성공했다. 작가는 연상과 상상을 통한 감동전략을 수립해서 수필텍스트를 철학적 인식의 대상이면서 동시에 미적 향수의 대상으로 만든 것이다. 미학적으로 전자와 후자가 조화롭게 융화될 때 가능하다는 점에서 미의식의 창조가 중요하다는 것은 아무리 강조해도 지나치지 않다. 이 수필은 미적 울림이라는 프리즘을 통해서 배우 윤여정과 자연 아마릴리스, 여성의 문제를 엮어 통찰함으로써 수필이 미적 사유의 예술이라는 점을 확인시켜준 데서 문학적 성취가 빛난다. 수필로서의 성공적 요인은 메타포라는 문학적 원리를 사용하여 수필의 구조와 전개를 이중적으로 짜나간 데 있다. 변용, 전이, 치환의 미학은 감동의 바로미터이면서 송명화 수필의 원형질이라 하겠다. 이 작품의 쾌미는 중층구조를 갖는 문학작품을 창작하기 위해 심층차원에서 획득한 제재의 성찰결과를 감동적인 이야기질서로 표층차원에서 구조화한 부분에서 맛볼 수 있다.

　한국현대수필에서 가장 많이 발견되는 문제는 제재의 통찰 결과를 미적인 이야기로 이중구조화, x축과 y축으로 이원화하는 이야기 배열작업에 대한 무관심인데, 송명화 작가는 이야기의 미적 배열을 통해 독자를 감동의 세계로 이끄는 디자이너라고 할 만하다. '회자되는 꽃말인 '눈부신 아름다움' 말이다. 외관에 초점을 둔 것이겠지만, 화려한 화판 속에 깃든 정신의 아름다움을 조준하기엔 어울리지 않는 것 같다. 소심한 여성성은 버려도 좋다. 그냥 '꽃'이다. '제3의 젠더'다. "아마릴리스, 너의 별명은 여전사꽃, 꽃말은 당당함이야."'라는 결말부의 이런 변용미학은 송명화 수필의 의미구조 생성원리일 뿐만 아니라, 주제를 형상화하는 미적 원리라는 점에서 창작의 핵심 부분을 차지한다. 주제와 구조가 튼실할 뿐만 아니라 예술적 울림을 생성하도록 주제의식을 형상화하는 면에서도 모자람이라곤 보이지 않는다. 송명화 수필의 문학적 울림은 이야기의 감동을 구조화하는 방법과 그러한 이야기 구조를 효율적으로 전달하는 서술전략의 긴밀한 상호관계 속에서 작동한다.

  작가는 작품을 쓸 때마다 산고의 고통을 겪는다. 송명화는 우리의 눈에 보이는 기성품의 세계가 아닌 또 다른 세계, 즉 어두운 세상을 낯선 인식으로 열어젖히는 열린 작가다. 한마디로 사회의식을 문학적으로 형상화하는 능력이 탁월하다. 그녀의 수필은 하나 같이 독자에게 '삶'이란 무엇인가, 어떻게 사는 게 바르게 살아가는 것인지에 대한 질문을 던짐으로써 실로 우리들의 눈시울을 뜨겁게 하는 진지한 성찰을 안겨준다. 이처럼 진지하게 우리네 삶의 본질을 천착해 보인 작품이 있었던가. 「아마릴리스」는 진정으로 우리가 읽고 싶은 수필이라 감동을 준다. 이는 그녀가 세상을 향해 눈과 귀 그리고 가슴을 열어놓고 제 물상의 발신음을 듣는 열린 마음의 작가이기 때문일 것이다. 이중화 구조를 통해 작가는 나름의 개성적 색깔을 문학적 형상화로 축성한다. 때로는 소시민적 일상을 수필적 제재로 활용하는 것처럼 보이지만, 그런 경우라도 결코 단순한 소품으로 그치는 경우란 드물다. 하동 화개장터에서 산 '아마릴리스' 구근 한 톨을 '다시 보기'를 통해 정교하게 형상화하였다고 할 수 있다.

문학적 성취는 수사학에 의해 성패가 갈린다. 흔히 '수사학' 하면, '으레 그렇게 하는 화법' 또는 '과장된 표현을 동원한 진부한 설명' 등의 부정적인 뉘앙스를 떠올리겠지만, 원래 수사는 설득하고 추론하고 분석하고 나아가 현실을 창조하는 것을 뜻한다. 소통의 수사는 논리에 취약한 사람들에게 더욱 중요하다. 사회의식이 부족한 작가들은 '세상 바꾸기'라는 전략에 비추어 그것을 표현하고 소통하는 데 관심을 두는 것보다 주제의 전달성에만 신경 쓰는 게 일반적이다. 따라서 독자와의 문학적 소통, 설득 등은 별로 신경 안 쓰는 것처럼 보일 때가 많다. 그러나 송명화 교수는 문장론을 전공한 학자답게 '언어'와 '소통'을 매우 중요하게 여기므로 단어 하나하나, 표현 하나하나에도 주의를 기울이고 있다. 수필언어는 문장미학의 관점에서 시어와 소설언어를 변증법적으로 통일시키는 노력이 필요하다. 이제 지구의 위기 앞에 세상 바꾸기에 앞장서서 소통의 길을 걷는 작가의 작품을 따라가 보자.

'에나가'는 맹세와 결의의 말이다. 150여 년 전 농민들이 목숨을 걸었던 말이다. 조선 후기에 진주민란이 일어날 당시, 모의하는 과정에서 '배신하지 않겠다.', '반드시 참여하겠다.'는 뜻으로 '에나가?'라고 물으면 '에나다.'라고 대답했다는 유래를 읽은 적이 있다. 백골징포, 황구첨정 등 역사시간에 외우느라 힘들었던 용어들이 떠오른다. 관리들의 수탈이라는 부끄러운 역사에 침을 뱉다가도 분연히 일어선 백성들의 결기에 박수를 보내고 싶다. 한다면 하는 것이 바로 '에나'의 정신이다. 에나가란 낱말이 가진 큰 의미에다 선생이란 호칭이 더해져 그의 어깨엔 더 큰 무게가 얹힌다. 선생이란 '깨달은 이, 앞서가는 이, 깨우쳐 주는 이'를 말함이 아니던가. 달리 생각해 보니 '나가'는 '선구자로 나서라'는, 아니면 '부조리는 나가라'는 것으로까지 생각이 가지를 뻗는다.

-「에나가 선생」중에서

'에나가 선생'은 경남일보에 연재된 네 컷짜리 시사만화의 주인공이다. 송명화는 퉁하면서도 아버지를 닮은 이 시사만화 주인공이 어린 자신의 눈길을 사로잡았다고 적고 있다. 이 수필의 문학적 성취는 에나가 선생을 영화 말모이와 견주는 데 있다. 치환원리는 수필의 문학성을 높이는 데 최고로 기여하는 문학적 장치다. 본격수필은 제재를 통해서 주제를 겨냥하는 문학이다. 수필에서는 제재를 활용하고, 치환원리라는 문학적 장치를 활용하지 않으면 문학적 성취를 이루어내기가 쉽지 않다. 따라서 교시적 기능을 주제로 암시하되, 심미적 기능과 유기적으로 결합시키는 것이다. 이 수필의 쾌미는 "제때, 제 말 할 줄 아는 사람, 핵심을 바로 보는 깨어있는 지성이 소중한 시대가 아닌가. 에나가 선생이 진정 그리운 이유다"라는 주제에 대한 의미화 대목에 있다. 여기에 사회 변혁을 바라는 작가의 간절한 소망이 묻어난다.

'에나가'는 지금으로부터 150여 년 전, 조선 후기 진주민란 당시에 농민들이 목숨을 걸고 참여와 결의를 맹세하는 말이었다고 작가는 전한다. 시대정신과 세태풍자에 대한 송명화의 애정과 이해는 수필의 갈피갈피에 진하게 배어있다. 특히 「에나가 선생」은 작가의 사회의식이 사회 변혁의 방향성과 얽혀 수준 높은 상징성을 획득한 작품으로서 단연 이 수필집의 압권이라고 할 수 있다. 결말부, '예리한 설봉은 약침이다. 소독약이건 방부제건 한 방이 그립다.'에서 '약침' 또는 '소독약' '방부제' 등의 어휘를 배치하여 지배적 정황을 언어화하는 것으로 볼 때, 글쓴이는 우리 사회의 구조적 모순을 보면서 병리학적 처방을 내어놓을 깨어있는 지성인의 출현을 기다리고 있는 듯하다. 이 글은 작가의 저항적 세계관을 보여주기도 하고, 작품 속에 풍부하게 도입된 사자성어들이 주제를 잘 뒷받침해주어 독자를 사회 변혁의 주체로 만드는 데 기여하고 있다고 하겠다.

수인번호 475를 앞가슴에 단 사내가 피를 토한다. 외마디 소리를 지르며 괴로워한다. 밤이면 밤마다 손바닥으로 발바닥으로 닦아대던 구리거울 속 슬픈 뒷모습을 남기고, 시인은 스물아홉 아까운 나이에 갔다. 화면 속 동주의 눈빛에 내 감정을 몽땅 실었다. 눈앞에 펼쳐진 윤동주의 연보를 애써 읽으려니 눈에 괸 눈물이 둥글게 뭉쳐지고, 유독 참회록이 크게 보인다.

밤이면 밤마다 나의 거울을
손바닥으로 발바닥으로 닦아보자

윤동주의 청동거울은 깨끗해졌을까. 그의 탄생 100주년 기념 행사로 추모의 물결이 이어졌지만 아직도 거울은 흐리다. 녹청이 해독을 입히지 못 하도록 문지르고 또 문질러대던 그 작업은 아직도 마무리되지 못하였지 싶다. 언제쯤 뚜렷한 자신의 모습을 볼 수 있을까. 시대가 변했건만 아직도 꿈틀거리는 부끄러움, 그 녹을 벗겨내야 하는데.

-「녹」중에서

　수필의 특성이 인간학에서 인문학으로 옮겨온 지는 얼마 되지 않았지만, 현대수필은 인문학적 소양의 바탕 위에서 창작되고 있는 게 사실이다. 따라서 의식 있는 작가라면 당연하게 우리 역사에도 관심을 가져야 한다. 송명화 수필의 특성이라면 문사철을 관통하면서 반드시 '있어야 할 것'을 '있게 하는 데'서 발현되는 작가정신이라고 하겠다. 이 수필은 〈동주〉라는 영화를 보고, 쓴 수필이다. 참회록에 가까운 글이다. 작가는 영화를 보고난 후 '흑백화면에 기록된 시대의 암울함과 젊은이의 고뇌가 시들었던 나의 의기에 불을 붙였다.'고 적고 있다. 민족시인, 저항시인으로 알려진 윤동주 시인은 일본유학을 위해 창씨개명을 하며 그 참담한 심사와 비애를 「참회록」에 실었다. 작품 속에 '침울한 표정으로 나라 잃은 분노의 시절을 하루하루 견뎌내던 삶은 그에게 무시로 닦아야 할 청동거울 같았으리니'라고 한 대목은 이 수필의 압권 중의 압권이다. 이런 특별한 삶, 눈물로 살아온 윤동주 시인의 참회를 '녹'에 견주어 잘 형상화하였다. '밤이면 밤마다 나의 거울을/ 손바닥으로 발바닥으로 닦아보자.'라는 윤동주 시인의 참회록에 주목하면서 송명화 교수가 부끄러운 자신을 발견하는 대목에서 이 수필이 주는 감동은 절정에 다다른다. 청산되지 못한 과거사를, 잊지 말아야 될 일제의 만행을 '그 녹을 벗겨내야 하는데.'라는 말줄임으로 간접화해서 주제의식을 연상과 상상으로 실어나르는 데 성공했다.

역사는 승자의 기록이라고 하지만, 승자가 영원한 승자가 되는 건 아니다. 역사는 후세 사람들의 엄정한 평가 속에서 재정립되고 재평가되기 마련이다. 송명화 교수는 갓 열 살을 넘어선 나이에 그의 시를 외웠다. 윤동주의 '민족적 저항'이란 수식어는 당시 민족정신으로 불타던 어린 여학생 송명화의 가슴에 자리를 잡기 시작했다. 그로부터 '어떻게 살 것인가'하는 물음표는 수시로 그녀의 영혼을 두드렸다. '시집 『하늘과 바람과 별과 시』 초판본 표지에는 한 송이 연꽃이 우뚝하다. 내 안에서 그의 시는 청정한 꽃이 되었다. 그의 시를 암송하며 나이를 먹었고 정신을 키웠다. 우리 모두는 잊어야 할 것, 잊지 말아야 할 것을 안다고 나는 굳게 믿었다. 왜 줄기가 꺾이면 안 되는지, 왜 정신이 좀먹지 않도록 잊지 않고 녹을 닦아야 하는지 모두들 뼈에 새기고 있다고 생각했다. 남은 이들이 잘 챙기고 있고, 그 정신을 후손에게 잘 전해주어야 한다고 기회 있을 때마다 목소리에 힘을 실었다.'는 대목에서 확인할 수 있듯이, 작가는 한 편의 시로부터, 참회록으로부터 민족혼을 일깨웠던 것이다. 윤동주의 참회를 '녹'에 견주고, 그 저항정신을 '거울'에 빗대어 이중구조 층위를 통해서 윤동주의 민족정신을 고양하려는 송명화 교수의 지성적 사유에 박수를 보내지 않을 수 없다. 물론 독자들은 동감으로 지지를 보낼 것이다.

　따끔하다. 장갑을 끼고 신문지로 말아 쥐었는데도 서너 개의 침이 손가락에 박혔다. 가시 하나 뽑을 때마다 어머니 계신 서쪽 하늘을 바라본다. 언젠가 해외여행을 권하는 내게 팔순을 바라보는 내 어머니는 손자 녀석 용돈이라도 벌어야 한다면서 단호히 거절하셨다. 아들만 자식이냐고, 직업 있고, 자식까지 있는 아들에게 무슨 걱정거리가 남았냐고, 제발 당신 걱정이나 하시라고 퉁명스럽게 응대한 내 목소리가 두고두고 나를 찔러대는 가시가 될 줄 어찌 알았을까. 새끼를 떼어내는 나를 견제하는 어미선인장의 가시는 날을 곤추세워 햇살 속에 은빛으로 빛난다. 칼날처럼 뻗치는 기상, 나는 잠시 머뭇거린다. 아직도 새끼에게 빨릴 수액이 남았을까. 군데군데 굳어가는 몸을 지탱하기조차 힘든데 어미는 새끼를 안고 가려 하는 것인가.
　내 이름을 부르는 어머니의 목소리를 듣는다. 첩첩한 건물 너머 아득한 구름 사이로 괜찮다고 하시는 어머니의 목소리, 굽은 허리를 세울 튼튼한 받침목이 되지 못하는 큰딸을 어머니가 토닥이신다. 그 목소리가 더 아파 가시가 잘 보이지 않는다. 내 가슴속에서, 내 손가락에서 가시들이 서릿발처럼 일어선다.

- 「가시」 중에서

  이 수필의 문학적 성취는 '가시'라는 기표로 전통적 모정이라는 기의를 제시한 데서 발견할 수 있다. '어미선인장의 가시'라는 이중 층위를 통해 정서를 객관화하려는 작가의 전략은 비단 이 작품뿐만 아니라 모든 수필에 공히 나타나는 문학적 수법이다. 이런 비유적 언술 양상은 이미지가 전달하는 미적 감각을 극대화할 수 있게 하는 것으로 그녀는 보이지 않는 것을 보이게 하는 예술의 원리를 잘 이해하고 있는 듯하다. 다시 말해 그녀는 친정어머니가 아들을 사랑하는 방식을 우회적으로 표현해서 자신의 섭섭한 그 감정으로 호명해 낸 것이다. 수필창작에서 가장 중요한 것은 정서의 객관화 작업인데, 이것은 사건이나 대상에서 받은 감정을 직접 말하는 것이 아니라 이미지로 재현하여 깊은 울림을 주는 방식이다. '새끼를 떼어내는 나를 견제하는 어미선인장의 가시는 날을 곧추세워 햇살 속에 은빛으로 빛난다. 칼날처럼 뻗치는 기상, 나는 잠시 머뭇거린다. 아직도 새끼에게 빨릴 수액이 남았을까. 군데군데 굳어가는 몸을 지탱하기조차 힘든데 어미는 새끼를 안고 가려 하는 것인가.' 어미 선인장의 가시가 날을 곤추세워 햇살 속에 은빛으로 빛나고, 그 기상이 칼날처럼 뻗친다는 언술 양식을 통해 우리는 새로운 감각과 상상력을 독자에게 전달하고자 하는 작가의 전략을 이해할 수 있다. 위 인용문은 지배적 정황을 나타내는 부분으로 우리의 미의식을 자극할 수 있는 장면이라고 하겠다.

요즘 들어 시골에 올 때마다 개구리 소리를 들을 수 있기를 기대하고 설렌다. 혹여 그들의 음악회가 끝났다고 해도 아쉬워할 일이 아님을 안다. 아무쪼록 녀석들의 바람이 잘 이루어지고, 새로운 생명들이 논마다 꼬물거리게 될 때 그땐 또 얼마나 미쁠 것인가. 격세지감이 느껴질 정도로 세상의 풍경이 많이 바뀌었다. 어디서나 아기를 보면 사람들의 눈길이 모여든다. 예전처럼 다가가 쓰다듬고 말 건네지는 못하지만 정이 가득한 눈빛으로 대견해한다. 어른들의 가슴마다 휑한 허전함이 숨어있다. 아무리 동네를 정비해도 아이들의 부산한 기운이 결핍된 동네는 풀죽은 광목이불 같다. 아련한 추억이 되어가는 젊은 날의 기운 넘치던 동네에 방송을 하는 이장님의 목청조차 예전 같지 않다. 아기 울음소리, 아이들 노는 소리, 청장년들 일하는 소리, 노인들 너털웃음 소리가 담 넘어 넘실대던 옛날이 대한뉴스처럼 그립다. 사람이 그립다.

-「개구리 소리」중에서

개구리 소리가 사라진 시골 분위기는 여러 가지를 의미한다. 고유한 인정이 사라졌다고도 볼 수 있고, 문명의 발달로 예전의 인정스런 모습을 볼 수 없다는 뜻으로 이해하면 문명비판의 성격을 지니게 된다. 작가는 '아이들의 부산한 기운이 결핍된 동네'를 '풀죽은 광목이불'에 견줌으로써 개구리 울음소리가 사라진 동네의 모습을 구체적 형상으로 보여주는 데 성공하고 있다. 객관적 상관물인 '풀죽은 광목이불'은 시골의 내면이 느껴지게 할 뿐만 아니라 시골을 둘러싼 허전한 삶의 느낌까지 확연하게 전달한다. 이 작품은 사라지는 것들에 대한 아쉬움을 온고지신 철학으로 감싸 안는 한국적인 수필이다. 이를테면 문명의 이기가 주는 현란함 등의 이미지를 배제하고, '아이들의 재잘거림' '이장님의 목청' '아기 울음소리' '청장년들 일하는 소음' '노인들 너털웃음'을 그리워하는 것으로 송명화는 사라져가는 우리 전통적인 아름다움에 대해 아쉬움을 표출하고 있다. '발전' '변화'가 곧 '문명' '풍족'이라는 기존의 사유체계를 무너뜨리고 새로운 감각과 상상력을 제시하고자 한다. 작가는 주제의식을 더욱 구체화하고, 단단하게 하기 위해 적절한 어휘를 채굴해서 의미화 문장 안에 배치하는데, 이를테면 '뉘우스'다. '뉘우스'는 흘러간 시간의 개념으로 이해된다. 과거가 그립다는 것이다. 무조건 과거가 좋다고 하는 건 아니다. '개구리 소리'는 누구에게나 해당되는 보편적으로 가슴을 울리는 그런 추억의 소리라는 메시지다.

 이번엔 다리를 역순으로 건넌다. 창선에서 출발하여 단항교, 창선대교, 늑도대교, 초양대교, 삼천포대교를 차례로 건넌다. 여러 다리가 하나로 이어져 달리게 한다. 어머니는 작년까지만 해도 맑은 정신으로 아직도 글 쓰냐고 하셨다. 공부하는 거, 강의하는 거 힘들지 않으냐고 물어주셨다. 어머니가 주위의 반대를 뿌리치고 큰딸의 손을 잡고 힘차게 바다를 물리던 그날이 생생하다. 주저하지 말고 푸르게 날아오르라고 엉덩이를 쳐주시던 쨍한 목소리를 어찌 잊을 수 있을까. 학력은 얕았어도 평생 독서를 즐기시던 어머니는 그때도 지금도 낡지 않는 내 견고한 다리다. 내 손을 잡고 함께 건너고자 한 어머니의 다리가 눈에 밟히는 것은 내가 조금이나마 철이 드는 까닭일까. 어머니의 목도리를 다시 묶어 드린다. 잠깐 옛날 생각이 나신 것일까. 이제 그만 쉬라고 하시는 어머니의 당부에 눈물이 솟았다.

-「저 다리처럼」중에서

「저 다리처럼」은 우리나라에서 가장 아름다운 길로 선정된 바 있는 삼천포창선대교를 제재로 해서 자신의 성장서사를 다룬 글로, 그 과정에서 빼놓을 수 없는 어머니를 교각에 비유해서 쓴 문학수필이다. 이 수필에서 '다리'는 섬을 육지로 만들어준 다리, 탈주의

선으로서의 다리, 어머니와 작가 사이에 서로의 교각이 되어준 다리라는 상징성을 띤다. 따라서 자신의 성장서사의 코드, 도전과 극복, 해방의 기쁨 등을 담아낸다. 남해는 '내 성장기를 보낸 땅'이라는 어구에서 알 수 있듯이 작가는 섬 남해에서 맏이로 자랐다. 가정형편이 어려웠지만 어머니의 지원으로 명문 여고로 진학하고 대학을 거쳐 교사로 수십 년을 봉직하면서, 작가가 되고 학문에 대한 탐구심과 도전의식은 중년 이후에도 계속 이어져 조금 늦은 나이에 서울과 부산을 오가며 문학언어치료학이란 학문을 연구한 결과 박사학위를 받고 교수가 된다. 이렇듯 작가의 어머니는 딸이 섬을 벗어나도록 했고, 중년 이후에 과감하게 선택한 학문의 길이 새로운 세계로의 끊임없는 다리로 이어지게 함으로써 성공의 계기가 되었고, 작가가 푸른 꿈을 펼치게 되는 해방의 기쁨을 누리는 원천이 되기도 한 것이다.

  섬에서 섬으로 이어지는 다리 하나하나에는 작가가 욕망의 주체, 자기 삶의 주인이라는 자유인으로 나아가는 과정이 그려져 있고, 그 다리의 교각이 성장의 연결고리 역할을 한다. 섬이 섬으로 연결되어 육지에 다다른 것처럼 남해에서 진주로, 부산으로, 서울로 이어지는 학업의 연속과 확장을 상징한다. '바다는 가늠할 수 없는 힘으로 일렁인다. 주눅들만도 하건만 교각은 굵은 몸통을 곧게 편 채로 의젓하기만 하다.'라는 대목에서 알 수 있듯이 대한민국이 알아주는 작가가 되고, 교수가 되어 작가 자신의 인생에 거센 파도가 밀려와도, 곧게 서 있을 수 있는 다리가 되어 삶의 주체로 살아가고 있다는 것을 이 수필은 잘 보여주고 있다. '결국 다리를 건널지, 구경만 하고 도로 갈지, 아니면 먼 거리에서 일별만 할지는 내게 주어진 선택지다'라는 대목은 펼쳐지는 인생의 상황들 앞에 공부와 학문을 통해 길러진 자신감과 인격적 성숙을 나타낸다. 이는 다리를 하나하나 건너면서 탈주의 선을 그렸던 결과일 것이다. 다리를 받쳐주는 교각이 있음으로 다리가 그 무게를 견딜 수 있는 것처럼 예전에는 어머니가 작가를, 지금은 작가가 어머니를 받쳐주는 교각이 되고 있다. 역전된 역할로 나아갈 수 있는 힘은 어머니가 딸에게로, 딸이 어머니에게로 향하는 따뜻한 마음, 서로를 지켜주고 싶은 교각이 있었기 때문이 아니겠는가.

'구순을 바라보는 어머니를 모시고 다리 위에서 바다를 보고 싶었다.' '기억이 심하게 무너졌는데도 순간의 체험을 즐거워하며 세상의 아름다움을 누리신다.'와 같은 문장에서 알 수 있듯이, 이제 어머니는 구순을 바라보는 나이가 되었고 쇠잔해졌으며 치매를 앓고 있다. 그런 어머니를 바라보는 작가의 마음 또한 애잔하지만 단단한 마음이다. 어머니가 아파서 안타깝지만 작가는 '슬픔'이나 '아품'이라는 단어들 대신 유한한 시간을 받아들인다. 파도가 치고 바람이 부는 다리 위에서 어머니의 목도리를 다시 묶어 드리는 장면에서 작가가 어머니의 든든한 교각이 되고자 하는 마음을 독자는 읽을 수 있다. 젊은 날 작가에게 더 넓은 세상에서 큰 꿈을 펼치라고 맏딸의 든든한 다리가 되어 주셨던 어머니와, 세월이 흐를수록 기억을 잃어가는 어머니를 잘 모시는 큰딸인 작가는, 삶의 무게를 지탱해 주고, 인생의 짐들을 견디게 하는 튼튼하고 따스한 서로의 교각이다. '잠깐 옛날 생각이 나신 것일까. 이제 그만 쉬라고 하시는 어머니의 당부에 눈물'을 쏟아내는 것은 남성중심주의가 뿌리 깊은 남해라는 보수적인 섬마을에서도 딸을 공부시켜야 한다는 의식이 든 어머니가 있어서 오늘의 자신이 있음을 작가가 당대적 상황에서 떠올린 것이다. 이 성장서사는 작가로서 어머니에게 바치는 감사의 노래라 하겠다.

민간시설도 아랑곳없었다. 병원이나 학교까지 폭격하고, 금지된 소이탄까지 사용되는 전쟁의 참상을 보며 세상 어떤 미담을 들이대도 인간이라는 존재에 자부심을 얹기 어려울 것 같다. 무슨 권리로 타인의 삶을, 타인의 목숨을 제물로 삼을 수 있다는 말인가. 전쟁은 죽음의 행진이다. 인간 탐욕의 더러운 배설이다. 석류알처럼 고르게 함께 다독이며 사는 세상은 동화 속에나 있는 허구가 되어야만 하는 것일까. 무기의 전시장이 되고, 실험장이 되어버린 비극의 땅, 우크라이나에 마지막 화염이 꺼지는 순간을 고대하며 비닐봉지에 고인 석류즙을 따른다. 사붉은 음료 한 잔이 지구별이 흘린 피눈물 같다.

이르핀의 다리는 석류 껍질이다. 껍질이 뜯겨나간 석류알은 조금의 억눌림에도 터지고 마는 연약한 생명이다. 찢겨진 껍질 속에서 피 흘리는 저들을 지켜낼 보호막은 과연 무엇일까. 비극의 끝을 사람들은 알면서도 몸을 사리거나 외면하기 일쑤다. 밥 딜런의 노래 '바람만이 아는 대답'이 전파를 타고 있다. 달려가 볼륨을 최대로 올린다. "얼마나 많은 대포알이 날아야 Yes, how many times must the cannon balls fly/ 영원히 포탄이 금지될까 Before they're forever banned."

- 「석류알 같은」 중에서

문학의 묘미는 전이, 치환, 변용의 미학에서 나온다. 가끔 작가가 언어유희를 통하여, 낯설게 하기를 하면, 수필의 맛을 더 낼 수가 있다. 위의 수필도 이중구조가 숨어있다. '사붉은 음료 한 잔이 지구별이 흘린 피눈물 같다.' '이르핀의 다리는 석류 껍질이다.'에서 볼 수 있듯이, '사붉은 석류 음료'를 '지구별이 흘린 피눈물'로, 폭탄 투척으로 파괴된 '이르핀의 다리'를 '석류껍질'로 변용하여, 전쟁의 참상을 자극적으로 묘파한 언술전략이 매우 돋보인다. 감각적인 이미지를 통해 제시되는 근원영역은 일상적으로 보아온 낯익은 사물에 신선한 감각을 부여한다. 이렇게 전이된 어휘는 기존 언어가 제시하기 힘든 미적 사유와 감정을 전달한다. 따라서 '이것'을 '저것'으로 치환하는 작업은 대상의 새로운 감각과 상상력을 극대화시키는 중요한 요소로 작동하게 된다. 전이가 없는, 본 것 위주로의 사실적 언술은 전형성을 띤 장면을 포착함으로써 상투성이라는 한계에 머무는 경우가 많다. 그 이유는 시지각 안에 들어온 주변의 익숙한 장면을 손쉽게 포착한 뒤, 별다른 고민 없이 그것을 진술하기 때문이다. 따라서 문장에 맛을 내려면, 송명화 작가의 경우처럼 관찰, 수사, 시선의 새로움을 변용하는 기법을 통해 기존의 낡은 감수성과 감각으로부터 탈피해야 할 것이다.

이 작품은 짜임새 있는 구성을 통해 적발과 직시, 사회적 발언이 설득력 있게 전개되어 감동을 안겨주는 수필로 매우 전략적으로 쓰였다. 우리 사회가 안고 있는 문제에 대한 예리한 진단과 증언을 통해 더 나은 세상을 향한 작가의 소망을 문학적 담론으로 담아내는 데 성공했다고 하겠다. 작가는 '이르핀의 다리'란 제재를 통해서 우크라이나-러시아 전쟁으로 대두되고 있는 생명 경시 현상과 강대국의 약소국 침략이라는 반문명적 저급한 전쟁유발에 대한 비판을 담아내고 있다. 전쟁에 대해 경종을 울리는 한마디, '세상 어떤 미담을 들이대도 인간이라는 존재에 자부심을 얹기 어려울 것 같다. 무슨 권리로 타인의 삶을, 타인의 목숨을 제물로 삼을 수 있다는 말인가.'라는 작가의 인권에 대한 문제제기가 강한 설득력으로 다가오는 건 침략의 근거가 너무나 터무니없기 때문이 아닌가. '밥 딜런의 노래 "바람만이 아는 대답"이 전파를 타고 있다. 그가 내 질문에 답하는 것일까.'라는 대목은 주제의 간접화를 위한 전략적 선택이다. 노래가사는 일종의 상징으로 자신의 정서를 표현하는 도구가 된다. 송명화는 노벨상 수상작인 밥 딜런의 노래를 인용함으로써 정서의 상징화에 이를 수 있었다. 이처럼 이중 층위를 통한 현실의 재경험은 새로운 의미를 획득하게 한다. 문학은 의미발견, 의미부여에 의해서 생명을 갖는다고 할 수 있다.

언제가 떨어져야 할 시점인지 고대하고 있었을까. 차갑고 상쾌한 바람을 맞이하고자 오랫동안 준비했음에 틀림이 없다. 흠뻑 맞아도 옷이 젖지 않는 비, 맞을수록 행복해지는 어엽비를 나는 축제처럼 즐긴다, 우아하게 낙하하여 대지를 만나고 온몸을 떨며 반가움의 인사를 나눈다. 허물어져 내린 돌담도, 금간 기왓장과 물 괸 오지장독도 토닥토닥 따스한 위로를 입는다. 추한 곳, 젖은 곳 가리지 않고 살며시 가려주고 다독여주는 비, 바라만 봐도 마음을 편히 내려놓을 수 있는 아늑함까지 선사하는 빨간 낙엽무리들을 본다. 사람도 떠날 때에 저리 아름다울 수 있을까. 자신이 내리는 곳이 어디든 저리 미쁘게 만들 수 있는 사람이라면 진정 꽃보다 아름답다 할 수 있으련만.

-「어엽비를 만나다」중에서

제목이 요상하다. 한 번도 들어본 적이 없는 비가 아닌가. 양자역학이론을 이 수필의 이중구조화전략에 응용해서 풀어내어 보고 싶은 욕심이 생긴다. 고전역학의 핵심이 미래예측이 가능하다는 데 있다면, 양자역학의 핵심 원리는 예측이 불가능하다는 데 있다. 수필의 창작전략도 제목이나 발단부 전개부를 읽고 내용을 이미 다 알아버리면 안 된다. 결말부까지 읽고 나서 메시지를 파악하도록 설계해야 한다. 이처럼 양자역학의 불확실성의 원리는 송명화 수필의 주제 간접화를 위한 귀납추리 형식 적용과 관련지을 수 있다. 문학의 주이야기, 글감 하나로 글을 쓰면 단순구조라서 복잡성을 갖지 못하고, 스토리 정도로 인식될 수밖에 없다. 예술성이란 복잡한 구성에서 나온다. 하나의 이야기를 가지고 쓴 문학이 감동을 견인하는 문학성을 가지려면 하나의 이야기를 덧씌워 이야기를 이중구조로 만들어주어야 한다는 것이다. 양자역학적으로 이야기하면, 하나의 이야기가 입자라면, 여기에 파동을 덧씌워야 한다는 것이다. 모든 물질은 입자이면서 파동이다. 빛은 알갱이면서 파동이다. 빛의 이중성을 수필의 구조에 적용시켜 보자. '빨간 낙엽무리'는 '떠날 때도 저리 아름다울 수 있을까.'란 작가의 소망과 기대를 받아 웰다잉의 축복으로 전이된다. 즉 '빨간 축복'이란 이중성은 원자와 전자의 관계이거나, 입자이면서 파동으로 이해된다. 송명화의 「어엽비」는 그 적절한 예가 될 것이다.

　진정한 울림을 주려고 한다면, 문학적 상상력을 통한 방법을 써서 감동을 창출해야 한다. 질 좋은 작품은 독자의 상상력을 촉발시키고 그의 정서와 사상을 고양시킨다. 독자의 문학적 상상력은 소재로부터 발생한 기본적인 이미지의 울림, 그것을 미지의 세계로 도약시키는 역동적 이미지의 울림, 그 역동적 이미지를 궁극적 보편적 가치의 세계로 이끄는 초월적 이미지의 울림으로 위계화되는 것이다. 장 피아제에 의하면, 구조라는 것은 전체성과 변형성, 자기조정성을 본성으로 갖는 구성요소로, 상호간의 역동적이고 유기적인 관계방식이라 할 수 있다. 송명화 수필「어엽비」의 예술성은 구조로부터 나오고, 수필 텍스트가 주는 감동은 미적 울림을 극대화시킨다는 점에서, 이야기의 구조화 작업이 곧 미적 울림의 창조원리라는 등식이 성립된다고 하겠다. '땅 위에 눕는 순간까지도 삶은 아름다운 것이었다고 몸짓으로 말하는 고귀한 잎들'을 작가는 '어엽비'라 명명한다. 이야기의 구조화 방법으로부터 미적 울림을 창조하는 원리는 스토리를 이중층위로 변형시키는 방법에서 찾을 수 있다. 이 수필의 쾌미는 '사람도 떠날 때에 저리 아름다울 수 있을까.'에 놓여 있다. 작가가 자신의 체험 속에서 선택한 '낙엽비'를 '아름다운 마지막'으로 변용시켜서 수필의 주제를 우회적으로 간접화한 전략이야말로 압권 중의 압권이다. '언제가 떨어져야 할 시점인지 고대하고 있었을까. 차갑고 상쾌한 바람을 맞이하고자 오랫동안 준비했음에 틀림이 없다.'는 대목은 상상력의 극치를 자아낸다.

Ⅳ.

수필의 파동성은 전이, 치환, 변용의 미학으로 빛나는 시적 언술의 양상에서 도출되는 성질이다. '이것을 저것으로'에서 '저것'에 해당하고, '원관념과 보조관념'에서 '보조관념'에 해당되는 부분이다. '감정'보다 '미적 정서'요, '이야기'보다 '플롯'에 해당하는 화자의 '전략적 표현'이다. 문학의 원리는 메타포의 원리다. 변용, 전이, 치환의 미학은 감동의 바로미터다. 중층구조를 갖는 문학작품을 창작하기 위해 표층차원에서 작가가 수행해야 할 과제는 심층차원에서 획득한 제재의 성찰결과를 감동적인 이야기질서로 이중구조화하는 일이다. 한국현대문학에서 가장 많이 발견되는 문제는 제재의 통찰결과를 미적인 이야기로 이중구조화, x축과 y축으로 이원화하는 이야기 배열작업에 대한 무관심이라 하겠다. 「네펜데스의 통발」「산중의 악사」「마인츠하우스의 파란 조약돌」「반와半蛙」「개못생겼다」 「석류알 같은」「엉겅퀴 사내」 등의 송명화 수필에 나타난 서사의 미적 구조화에 대한 결과는 곧 작품의 미학성을 결정적으로 끌어올리는 요인으로 작용한다는 점에서 작가들의 이중층위 전략에 대한 인식전환이 필요하다는 걸 말해준다고 하겠다.

  마지막으로 송명화의 수필세계를 한마디로 나타낸다면, '내용과 형식의 완벽한 조화를 그 특징으로 하며 비평의 렌즈를 번뜩이면서 작가 자신이 직접 네거리로 뛰어나가 여성과 사회의 문제를 목이 터지게 외치는 그런 지성의 세계'라 하겠다. 이야기의 미적 배열은 독자를 감동의 세계로 이끄는 의미구조의 생성원리일 뿐만 아니라 주제를 형상화하는 미적 원리라는 점에서 송명화 수필에서 감동전략의 핵심을 차지한다. 송명화는 같은 시대의 대다수 여성수필가들과 달리 인식을 통한 수필 쓰기가 창작의 바탕을 이루면서 탄탄한 자기 세계를 가지고 있다. 그녀의 수필 속에서 부드러운 감성과 예리한 지성이 교직되고 있음을 발견해내기란 그다지 어려운 일은 아니다. 항상 미래를 보고 걷는 자의 발끝에서 역사는 이루어지는 법이다. 의리와 신뢰를 바탕으로 차이와 다름의 가치를 인정하고, 타자의 시선으로 세상을 이해하려는 자세로 헌신하여 에세이문예 주간으로서 소임을 다하면서 좋은 수필 쓰기를 위한 이론서도 발간하고 꾸준히 수준 높은 수필을 써나가는 송명화 교수의 노력에 박수를 보낸다.

  필자는 오래 전부터 자발적으로 송명화론을 써왔고, 송명화 수필 연구서를 낼 정도로 그녀의 수필작업을 날카롭게 지켜보았다. 이번에는 청탁에 의해 다시 송명화 수필세계를 거칠지만 양자역학이론과 수필시학에 기대어 살펴보았다. 나는 서평을 마치면서 입자와 파동이란 이중구조를 통하여 문학적 성취를 견인한 송명화 교수의 본격수필 생성전략이 매우 돋보였다고도 말해주고 싶다. 가장 형상화가 잘된 부분을 결말부로 돌려 지배적 정황을 더욱 강화하거나 '주제의식'의 국면을 이미지로 재현해서 보다 더 울림이 큰 감동을 전달할 수 있게 한 감동전략은 우리 수필가들이 배워야 할 것이다. '제재'의 의미를 철학적인 사유에 얹어 이미지로 묘사했기에 미적 감각을 극대화할 수 있었다고 본다. 송명화 수필의 우수성은 바로 감각적인 이미지를 통해 주제의식을 형상화한 것에서 찾을 수 있겠다. 송명화 수필은 지배적 정황으로 제시된 보조 자료에 힘입어 기존의 언어가 제시하기 힘든 미적 사유와 감정을 전달한다. 수필을 읽으면서 제목에 담긴 함의를 독자들이 생각해 보는 것도 송명화 교수의 수필을 읽어내는 멋이라고 생각한다. 일반 독자뿐만 아니라 수필을 쓰는 작가들에게도 많이 읽혀지길 기대하며 교과서 수필로도 추천하는 바이다.

송명화 수필집

꽃은 소리내어 웃지 않는다

초판 인쇄 2023년 12월 13일
초판 발행 2023년 12월 20일
2쇄 발행 2024년 12월 27일

지은이 송명화
펴낸이 정숙이
펴낸곳 에세이문예사

주소 부산광역시 연제구 온천천공원길 4, 101동 1802호
전화 051)557-5085
메일 essaylit@daum.net
출판등록 제332-2019-000008호

값 15,000원

ISBN 979-11-978480-4-9

※ 저자와 출판사의 사전 동의 없는 무단 전재 및 복제를 금합니다.

※ 본 도서는 2023년 부산광역시, 부산문화재단 부산문화예술지원
사업으로 지원을 받았습니다.